KOMPLETNÍ KUCHAŘKA STUDENÉ POLÉVKY

Porazte horko se 100 lahodnými chlazenými polévkami, které jsou ideální na léto i dál

Pavla Vargová

Materiál chráněný autorským právem ©2024

Všechna práva vyhrazena

Žádná část této knihy nesmí být použita nebo přenášena v jakékoli formě nebo jakýmikoli prostředky bez řádného písemného souhlasu vydavatele a vlastníka autorských práv, s výjimkou krátkých citací použitých v recenzi. Tato kniha by neměla být považována za náhradu lékařských, právních nebo jiných odborných rad.

OBSAH

- OBSAH 3
- ÚVOD 6
- GAZPACHO 7
  - 1. Zahradní Gazpacho 8
  - 2. Gazpacho ze tří rajčat s Chipotle Crème 10
  - 3. Letní zeleninové gazpacho 12
  - 4. Gazpacho s Ditalini a Chile Aioli 14
  - 5. Černé a zlaté Gazpacho 17
  - 6. Vodní meloun Gazpacho 19
  - 7. Avokádové gazpacho 21
  - 8. Kukuřice a bazalka Gazpacho 23
  - 9. Mango a ananas Gazpacho 25
  - 10. Okurka a jogurt Gazpacho 27
  - 11. Gazpacho z jahod a bazalky 29
  - 12. Pečená červená paprika a mandlové gazpacho 31
  - 13. Pikantní mango a koriandrové gazpacho 33
- STUDENÉ OVOCNÉ POLÉVKY 35
  - 14. Studená švestková polévka 36
  - 15. Jewelbox Ovocná polévka 38
  - 16. Senegalská polévka 40
  - 17. Polévka z divokých třešní 42
  - 18. Letní ovocná polévka 44
  - 19. Dánská jablečná polévka 46
  - 20. Chlazená polévka z melounu 48
  - 21. Norská borůvková polévka 50
  - 22. Studený krém z řeřichy a jablečná polévka 52
  - 23. Studená višňová polévka 54
  - 24. Dánská jablečná polévka s ovocem a vínem 56
  - 25. Studená broskvová jahodová polévka 58
  - 26. Studená meruňková zakysaná smetanová polévka 60
  - 27. Karamel Mountain Ranch Studená jahodová polévka 62
  - 28. Studená polévka z papáji 64
  - 29. Citrusová višňová polévka 66
  - 30. Dánská sladká polévka 68
  - 31. Studená melounová mátová polévka 70
  - 32. Studená borůvková polévka s pomerančovým bylinkovým sorbetem 72
  - 33. Norská ovocná polévka (Sotsuppe) 74
  - 34. Chlazená jahodová jogurtová polévka 76
  - 35. Jahodová / borůvková polévka 78
  - 36. Karibská avokádová polévka 80
- STUDENÉ ZELENINOVÉ POLÉVKY 82

37. Sladké brambory Vichyssoise ... 83
38. Chlazená avokádovo-rajčatová polévka ... 85
39. Okurková kešu polévka ... 87
40. Chlazená mrkvová polévka ... 89
41. Polévka z chlazené řepy ... 91
42. Studená zelená zeleninová polévka s rybou ... 93
43. Studená tomatillo polévka ... 95
44. Mrkvová a jogurtová polévka ... 97
45. Studená cuketová a pórková polévka ... 99
46. Polévka z cukety a avokáda ... 101
47. Studená okurková a špenátová polévka ... 103
48. Studená avokádová polévka s chilli koriandrovým krémem ... 105
49. Polévka z řepy a červeného zelí ... 107
50. Polévka z rajčat a červené papriky ... 109
51. Zázvorová a mrkvová polévka ... 111
52. Studená polévka z avokáda a podmáslí ... 113
53. Česneková polévka z kari cukety ... 115
54. Koprový jogurt a okurková polévka ... 117
55. Boršč ... 119
56. Krémová bazalková cuketová polévka ... 121

STUDENÉ RYBÍ A MOŘSKÉ POLÉVKY ... 123

57. Studená Okurková Polévka S Bylinkovými Krevetami ... 124
58. Chlazené krevety a avokádová polévka ... 126
59. Chlazený humr bisque ... 128
60. Studená polévka z uzeného lososa ... 130
61. Chlazené krabí gazpacho ... 132
62. Studená krabí polévka ... 134
63. Studená polévka s podmáslím a krevetami ... 136
64. Chlazená okurka a krabí polévka ... 138
65. Kokosová chlazená polévka s krevetami ... 140
66. Studená polévka z tuňáka a bílých fazolí ... 142
67. Chlazená mušle a kukuřičná polévka ... 144

STUDENÉ DRŮBEŽNÍ POLÉVKY ... 146

68. Chlazené kuřecí a zeleninová polévka ... 147
69. Chlazená krůtí a brusinková polévka ... 149
70. Chlazená kuřecí a kukuřičná polévka ... 151
71. Chlazené krůtí a avokádová polévka ... 153
72. Chlazená citronová kuřecí polévka Orzo ... 155
73. Chlazené krůtí a špenátová polévka ... 157
74. Chlazená kuřecí a mangová polévka ... 159
75. Kuřecí a rýžová polévka s kokosovým mlékem ... 161
76. Studená kuřecí, celerová a ořechová polévka ... 163
77. Studená chřestová polévka s křepelčími vejci a kaviárem ... 165

STUDENÉ BYLINKOVÉ POLÉVKY **167**
78. Polévka z melounu s mátou 168
79. Chlazená mátová cuketová polévka 170
80. Hrášková polévka za studena 172
81. Studená polévka šťovíku 174
82. Chlazené avokádo a koriandrová polévka 176
83. Chlazený hrášek a estragonová polévka 178
84. Chlazený špenát a koprová polévka 180
85. Polévka z chlazené cukety a petrželky 182
86. Chlazený chřest a pažitková polévka 184
87. Polévka z chlazené řepy a máty 186
88. Čínská bylinková kuřecí polévka 188

STUDENÉ LUŠINOVÉ A OBILNÉ POLÉVKY **191**
89. Studená bílá fazolová polévka s křupavou pancettou 192
90. Chlazená fazolová polévka 194
91. Chlazená čočková a quinoa polévka 196
92. Chlazená cizrna a bulharská polévka 198
93. Chlazená polévka z černých fazolí a hnědé rýže 200
94. Chlazená polévka z ječmene a cizrny 202
95. Chlazená polévka z červené čočky a bulguru 204

STUDENÉ TĚSTOVINOVÉ POLÉVKY **206**
96. Studené nudle s rajčaty 207
97. Chlazená středomořská polévka Orzo 209
98. Těstovinová polévka z chlazených rajčat a bazalky 211
99. Chlazená těstovinová polévka Pesto 213
100. Chlazená řecká těstovinová salátová polévka 215

ZÁVĚR **217**

ÚVOD

Vítejte v „KOMPLETNÍ KUCHAŘKA STUDENÉ POLÉVKY", vašem dokonalém průvodci, jak překonat horko se 100 lahodnými chlazenými polévkami, které jsou ideální na léto i mimo něj. Když teploty stoupají, není nic tak osvěžujícího a uspokojivého jako miska studené polévky, která vás ochladí a povzbudí vaše chuťové pohárky. V této kuchařce oslavujeme všestrannost a kreativitu chlazených polévek a nabízíme rozmanitou škálu receptů, které se hodí pro každý mlsný jazýček a příležitost.

V této kuchařce objevíte širokou škálu receptů na chlazené polévky, které předvádějí sezónní suroviny, živé chutě a inovativní kulinářské techniky. Od klasických gazpachos a smetanových vichyssoise po exotické ovocné polévky a pikantní chlazené nudle, každý recept je vytvořen tak, aby poskytoval osvěžující a uspokojující kulinářský zážitek bez ohledu na počasí nebo roční období.

Co odlišuje "KOMPLETNÍ KUCHAŘKA STUDENÉ POLÉVKY" je její důraz na čerstvost, chuť a jednoduchost. Ať už jste zkušený kuchař nebo kuchař začátečník, tyto recepty jsou navrženy tak, aby se daly snadno dodržovat a přizpůsobily se vašim chuťovým preferencím a dietním potřebám. S minimální potřebou vaření a zaměřením na použití čerstvých, vysoce kvalitních surovin budete moci během okamžiku připravit várku lahodné studené polévky, což z ní činí ideální volbu pro rušné víkendy, neformální setkání nebo elegantní večírky. .

V této kuchařce najdete praktické tipy pro výběr a přípravu ingrediencí a také úžasné fotografie, které inspirují vaše kulinářské výtvory. Ať už toužíte po něčem lehkém a osvěžujícím nebo bohatém a požitkářském, „KOMPLETNÍ KUCHAŘKA STUDENÉ POLÉVKY" má pro každého něco a zve vás k prozkoumání lahodných možností chlazených polévek a pozvedne váš letní kulinářský zážitek.

GAZPACHO

1.Zahradní Gazpacho

SLOŽENÍ:
- 6 zralých švestkových rajčat, nakrájených
- 1 střední červená cibule, nakrájená
- 1 střední okurka, oloupaná, zbavená semínek a nakrájená
- 1 střední červená paprika, nakrájená
- 4 zelené cibule, nasekané
- 1 stroužek česneku, nasekaný
- 1 celerové žebro, mleté
- 3 lžíce sherry octa
- 2 lžíce olivového oleje
- 1 lžička cukru
- Sůl
- Tabasco omáčka
- 2 šálky míchané zeleninové šťávy
- 1/4 šálku nasekané čerstvé petrželky
- 1/4 šálku nakrájených vypeckovaných oliv kalamata

INSTRUKCE:
a) V mixéru nebo kuchyňském robotu smíchejte všechna kromě 1/4 šálku každého z rajčat, cibule, okurky a
b) paprika. Přidejte polovinu zelené cibulky a všechen česnek a celer a zpracujte do hladka. Přidejte ocet, olej a cukr a dochuťte solí a Tabascem podle chuti. Zpracujte, dokud se dobře nepromíchá.
c) Přeneste polévku do velké nekovové mísy a vmíchejte zeleninovou šťávu. Zakryjte a chlaďte do vychladnutí, alespoň 3 hodiny.
d) Až budete připraveni k podávání, přidejte zbývající rajčata, cibuli, okurku, papriku a zelenou cibulku. Polévku nalijeme do misek, ozdobíme petrželkou a černými olivami a podáváme.

2.Gazpacho ze tří rajčat S Chipotle Crème

SLOŽENÍ:
- 1 lžíce olivového oleje
- 1 1/2 lžičky chipotle chile v adobo
- 1/4 šálku veganské zakysané smetany, domácí (viz Tofu zakysaná smetana) nebo z obchodu
- 1 střední červená cibule, nakrájená
- 1 střední červená paprika, nakrájená
- 1 střední okurka, oloupaná, zbavená semínek a nakrájená
- 2 stroužky česneku, nasekané
- 1/4 šálku mletých sušených rajčat naložených v oleji
- (14,5 unce) plechovka drcených rajčat
- 3 šálky míchané zeleninové šťávy
- libra zralých švestkových rajčat, nakrájených
- Sůl
- 1/4 šálku mleté zelené cibule, na ozdobu

INSTRUKCE:
a) V mixéru nebo kuchyňském robotu smíchejte olej, chipotle a zakysanou smetanu a zpracujte do hladka. Dát stranou.

b) V mixéru nebo kuchyňském robotu smíchejte cibuli, papriku, polovinu okurky, česnek, sušená rajčata a drcená rajčata. Zpracujte do hladka. Přendejte do velké mísy a vmíchejte zeleninovou šťávu, čerstvá rajčata, zbývající okurku a sůl podle chuti. Zakryjte a nechte v chladu, dokud dobře nevychladne, alespoň 3 hodiny.

c) Po vychladnutí ochutnejte, v případě potřeby dochuťte. Nalijte do misek a do každé misky vmíchejte lžíci chipotle krému. Ozdobte nasekanou zelenou cibulkou a podávejte.

3. Letní zeleninové gazpacho

SLOŽENÍ:
- 2 šálky mladého balzamikového octa
- 2 libry zralých rajčat
- 2 anglické (pařeniště) okurky
- 1 červená cibule
- 1 žlutá paprika
- 1 červená paprika
- 3 plátky jednodenního kváskového francouzského chleba
- 3 šálky rajčatové šťávy
- 2 stroužky česneku
- 3 hrnky zeleninového vývaru
- 2 lžíce extra panenského olivového oleje
- 1 lžíce jemné uzené španělské papriky
- 1 lžička mletého kmínu
- Podle chuti hrubá sůl a čerstvě mletý pepř
- 2 lžíce najemno nastrouhaného čerstvého koriandru
- 2 lžíce najemno nastrouhané čerstvé máty
- 1 lžíce jemně nasekané citronové kůry

INSTRUKCE:
a) Snižte balzamikový ocet na ½ šálku.
b) Nakrájejte zeleninu a namočte chléb do rajčatové šťávy.
c) Všechny ingredience smícháme a necháme 1 hodinu stát.
d) Smíchejte 4 šálky směsi, dokud nebude hladká.
e) Nechte chladit alespoň 4 hodiny.
f) Podáváme s bylinkovou směsí a pokapeme olivovým olejem a balzamikovým sirupem.

4.Gazpacho S Ditalini A Chile Aioli

SLOŽENÍ:
AIOLI
- 1 malá pálivá chilli paprička se semínky
- 3 stroužky česneku
- 1/2 lžičky soli
- 1 lžička červeného vinného octa
- 1/2 šálku olivového oleje

GAZPACHO
- 4 velká zralá rajčata, oloupaná, zbavená semínek a nakrájená
- 2 velké okurky, oloupané, zbavené semínek a nakrájené
- 1 středně žlutá paprika, nakrájená
- 1/2 šálku mleté zelené cibule
- 1 lžíce mletého česneku
- 3 šálky rajčatové šťávy
- Sůl
- 1/2 šálku Ditalini nebo jiných polévkových těstovin
- 1 lžíce olivového oleje

INSTRUKCE:
UDĚLEJTE AIOLI:
a) V mixéru nebo kuchyňském robotu smíchejte chilli, česnek a sůl a rozmixujte dohladka. Přidejte ocet a zpracujte do míchání. Při běžícím stroji vlévejte olej, dokud se nesmíchá. Nepřepracovávejte. Přendejte do misky a odstavte při pokojové teplotě až do doby podávání.

UDĚLEJTE GAZPACHO:
b) V mixéru nebo kuchyňském robotu smíchejte polovinu rajčat, polovinu okurek, polovinu papriky, polovinu zelené cibule a všechen česnek. Zpracujte k promíchání, poté přeneste do velké nekovové mísy a vmíchejte rajčatovou šťávu a zbývající rajčata, okurku, papriku a zelenou cibulku. Dochuťte solí podle chuti. Zakryjte a nechte v chladu, dokud dobře nevychladne, alespoň 2 hodiny.

c) Zatímco polévka chladne, vařte těstoviny v hrnci s vroucí osolenou vodou za občasného míchání, dokud nejsou al dente, 6 až 8 minut. Sceďte a propláchněte těstoviny, poté je pokapejte olivovým olejem a dejte stranou.

d) Až budete připraveni k podávání, přidejte těstoviny do polévky a ochuťte, v případě potřeby dochuťte. Nalijte do misek a do každé misky vmíchejte lžíci aioli. Podávejte s dalšími aioli na boku.

5.Černé a zlaté Gazpacho

SLOŽENÍ:

- 11/2 libry zralých žlutých rajčat, nakrájených
- 1 velká okurka, oloupaná, zbavená semínek a nakrájená
- 1 velká žlutá paprika, zbavená semínek a nakrájená
- 4 zelené cibule, pouze bílá část
- 2 stroužky česneku, nasekané
- 2 lžíce olivového oleje
- 2 lžíce bílého vinného octa
- Sůl
- Mletý kajenský pepř
- 11/2 šálků uvařených nebo 1 (15,5 unce) plechovky černých fazolí, scezených a propláchnutých
- 2 lžíce nasekané čerstvé petrželky
- 1 šálek opečených krutonů (volitelné)

INSTRUKCE:

a) V mixéru nebo kuchyňském robotu smíchejte polovinu rajčat s okurkou, paprikou, zelenou cibulkou a česnekem. Zpracujte do hladka. Přidejte olej a ocet, dochuťte solí a kajenským pepřem podle chuti a zpracujte, dokud se nesmíchá.

b) Přeneste polévku do velké nekovové mísy a vmíchejte černé fazole a zbývající rajčata. Mísu zakryjte a dejte na 1 až 2 hodiny do chladničky. Ochutnejte, v případě potřeby upravte koření.

c) Polévku nalijte do misek, ozdobte petrželkou a krutony, pokud používáte, a podávejte.

6. Vodní meloun Gazpacho

SLOŽENÍ:
- 4 šálky nakrájeného vodního melounu bez pecek
- 2 velká rajčata, nakrájená na kostičky
- 1 okurka, oloupaná, zbavená semínek a nakrájená na kostičky
- 1 červená paprika, nakrájená na kostičky
- 1/4 šálku nakrájené červené cibule
- 2 lžíce nasekané čerstvé máty
- 2 lžíce nasekané čerstvé bazalky
- 2 lžíce limetkové šťávy
- Sůl a pepř na dochucení

INSTRUKCE:
a) V mixéru smíchejte meloun, rajčata, okurku, papriku, červenou cibuli, mátu, bazalku a limetkovou šťávu.
b) Rozmixujte do hladka.
c) Dochuťte solí a pepřem podle chuti.
d) Před podáváním vychlaďte alespoň 1 hodinu v lednici.
e) Podávejte vychlazené, podle potřeby ozdobené dalšími lístky máty.

7. Avokádové gazpacho

SLOŽENÍ:
- 2 zralá avokáda, oloupaná a nakrájená na kostičky
- 2 okurky, oloupané, zbavené semínek a nakrájené na kostičky
- 1 zelená paprika, nakrájená na kostičky
- 2 stroužky česneku, mleté
- 1/4 šálku nasekaného čerstvého koriandru
- 2 lžíce limetkové šťávy
- 2 hrnky zeleninového vývaru
- Sůl a pepř na dochucení

INSTRUKCE:
a) V mixéru smíchejte avokádo, okurky, papriku, česnek, koriandr, limetkovou šťávu a zeleninový vývar.
b) Rozmixujte do hladka.
c) Dochuťte solí a pepřem podle chuti.
d) Před podáváním nechte vychladit v lednici alespoň 1 hodinu.
e) Podávejte vychlazené, ozdobené snítkou koriandru.

8.Kukuřice a bazalka Gazpacho

SLOŽENÍ:
- 4 klasy, jádra odstraněna
- 2 velká rajčata, nakrájená na kostičky
- 1 červená cibule, nakrájená na kostičky
- 1 červená paprika, nakrájená na kostičky
- 2 stroužky česneku, mleté
- 1/4 šálku nasekané čerstvé bazalky
- 2 lžíce červeného vinného octa
- 2 hrnky zeleninového vývaru
- Sůl a pepř na dochucení

INSTRUKCE:
a) V mixéru smíchejte kukuřičná zrna, rajčata, červenou cibuli, papriku, česnek, bazalku, červený vinný ocet a zeleninový vývar.
b) Rozmixujte do hladka.
c) Dochuťte solí a pepřem podle chuti.
d) Před podáváním vychlaďte alespoň 1 hodinu v lednici.
e) Podáváme studené, ozdobené lístkem bazalky.

9.Mango a ananas Gazpacho

SLOŽENÍ:
- 2 zralá manga, oloupaná a nakrájená na kostičky
- 1 šálek nakrájeného ananasu
- 1 okurka, oloupaná, zbavená semínek a nakrájená na kostičky
- 1 červená paprika, nakrájená na kostičky
- 1 paprička jalapeño, zbavená semínek a nasekaná
- 2 lžíce nasekaného čerstvého koriandru
- 2 lžíce limetkové šťávy
- 2 šálky ananasové šťávy
- Sůl a pepř na dochucení

INSTRUKCE:
a) V mixéru smíchejte mango, ananas, okurku, červenou papriku, papričku jalapeño, koriandr, limetkovou šťávu a ananasovou šťávu.
b) Rozmixujte do hladka.
c) Dochuťte solí a pepřem podle chuti.
d) Před podáváním vychlaďte alespoň 1 hodinu v lednici.
e) Podáváme studené, ozdobené plátkem manga nebo ananasu na okraji mísy.

10.Okurka a jogurt Gazpacho

SLOŽENÍ:
- 2 okurky, oloupané, zbavené semínek a nakrájené na kostičky
- 1 hrnek obyčejného řeckého jogurtu
- 1/4 šálku nasekaného čerstvého kopru
- 2 lžíce citronové šťávy
- 1 stroužek česneku, nasekaný
- 1 lžíce olivového oleje
- Sůl a pepř na dochucení

INSTRUKCE:
a) V mixéru smíchejte okurky, řecký jogurt, kopr, citronovou šťávu, česnek a olivový olej.
b) Rozmixujte do hladka.
c) Dochuťte solí a pepřem podle chuti.
d) Před podáváním vychlaďte alespoň 1 hodinu v lednici.
e) Podáváme studené, ozdobené snítkou kopru.

11. Gazpacho z jahod a bazalky

SLOŽENÍ:
- 2 šálky nakrájených jahod
- 1 okurka, oloupaná, zbavená semínek a nakrájená na kostičky
- 1/4 šálku nasekané čerstvé bazalky
- 2 lžíce balzamikového octa
- 1 lžíce medu
- 1/4 lžičky černého pepře
- 1 šálek vody
- Sůl podle chuti

INSTRUKCE:
a) V mixéru smíchejte jahody, okurku, bazalku, balzamikový ocet, med, černý pepř a vodu.
b) Rozmixujte do hladka.
c) Dochuťte solí podle chuti.
d) Před podáváním vychlaďte alespoň 1 hodinu v lednici.
e) Podáváme studené, ozdobené lístkem bazalky.

12. Pečená červená paprika a mandlové gazpacho

SLOŽENÍ:
- 2 velké pečené červené papriky, oloupané a zbavené semínek
- 1 šálek blanšírovaných mandlí
- 2 stroužky česneku
- 2 lžíce sherry octa
- 1/4 šálku olivového oleje
- 2 hrnky zeleninového vývaru
- Sůl a pepř na dochucení

INSTRUKCE:
a) V mixéru smíchejte pražené červené papriky, mandle, česnek, sherry ocet, olivový olej a zeleninový vývar.
b) Rozmixujte do hladka.
c) Dochuťte solí a pepřem podle chuti.
d) Před podáváním vychlaďte alespoň 1 hodinu v lednici.
e) Podáváme studené, ozdobené olivovým olejem a nasekanými mandlemi.

13. Pikantní mango a koriandrové gazpacho

SLOŽENÍ:
- 2 zralá manga, oloupaná a nakrájená na kostičky
- 1 okurka, oloupaná, zbavená semínek a nakrájená na kostičky
- 1 paprička jalapeňo, zbavená semínek a nakrájená na kostičky
- 1/4 šálku nasekaného čerstvého koriandru
- 2 lžíce limetkové šťávy
- 2 hrnky zeleninového vývaru
- Sůl a pepř na dochucení

INSTRUKCE:
a) V mixéru smíchejte mango, okurku, papričku jalapeňo, koriandr, limetkovou šťávu a zeleninový vývar.
b) Rozmixujte do hladka.
c) Dochuťte solí a pepřem podle chuti.
d) Před podáváním vychlaďte alespoň 1 hodinu v lednici.
e) Podávejte vychlazené, ozdobené plátkem jalapeňa pro extra pikantnost.

STUDENÉ OVOCNÉ POLÉVKY

14. Studená švestková polévka

SLOŽENÍ:
- 4 zralé švestky, vypeckované a nakrájené
- 1 šálek bílého jogurtu
- 1/4 šálku medu nebo javorového sirupu
- 1 lžička vanilkového extraktu
- Špetka skořice
- Nakrájené mandle na ozdobu

INSTRUKCE:
a) V mixéru smíchejte nakrájené švestky, bílý jogurt, med nebo javorový sirup, vanilkový extrakt a skořici.
b) Rozmixujte do hladka.
c) Polévku vychlaďte v lednici alespoň na 1 hodinu.
d) Podáváme studené, ozdobené plátky mandlí.

15.Jewelbox Ovocná polévka

SLOŽENÍ:
- 2 šálky bílé hroznové šťávy
- 2 šálky hruškového nektaru
- 1 zralý banán, nakrájený
- 1 lžíce čerstvé citronové šťávy
- Špetka soli
- 1/2 šálku neslazeného kokosového mléka (volitelně)
- 1 šálek borůvek
- 1 zralé mango, oloupané, vypeckované a nakrájené na 1/4-palcové kostky
- 1 šálek nakrájeného ananasu
- 1 šálek nakrájených jahod
- Čerstvé lístky máty, na ozdobu

INSTRUKCE:
a) V kuchyňském robotu smíchejte hroznovou šťávu, hruškový nektar, banán, citronovou šťávu a sůl. Zpracujte do hladka a poté nalijte do velké mísy. Vmíchejte kokosové mléko, pokud používáte. Přikryjte a chlaďte, dokud dobře nevychladne, na 3 hodiny nebo přes noc.

b) Vychlazenou polévku nalijte do misek a do každé misky dejte 1/4 šálku borůvek, manga, ananasu a jahod. Ozdobte lístky máty a podávejte.

16.Senegalská polévka

SLOŽENÍ:
- 1 lžíce řepkového nebo hroznového oleje
- 1 střední cibule, nakrájená
- 1 střední mrkev, nakrájená
- 1 stroužek česneku, nasekaný
- 3 jablka Granny Smith, oloupaná, zbavená jádřinců a nakrájená
- 2 polévkové lžíce horkého nebo jemného kari
- 2 lžičky rajčatové pasty
- 3 šálky světlého zeleninového vývaru, domácího (viz Světlý zeleninový vývar) nebo z obchodu, nebo vody Sůl
- 1 hrnek obyčejného neslazeného sójového mléka
- 4 lžičky mangového chutney, domácího (viz Mango chutney) nebo koupeného v obchodě, na ozdobu

INSTRUKCE:
a) Ve velkém polévkovém hrnci rozehřejte na středním plameni olej. Přidejte cibuli, mrkev a česnek. Přikryjte a vařte do změknutí, asi 10 minut. Přidejte jablka a dále vařte odkryté za občasného míchání, dokud jablka nezačnou měknout, asi 5 minut. Přidejte kari a vařte za míchání 1 minutu. Vmíchejte rajčatový protlak, vývar a sůl podle chuti. Odkryté dusíme 30 minut.

b) Polévku rozmixujte v hrnci na pyré ponorným mixérem nebo v mixéru či kuchyňském robotu, v případě potřeby po dávkách. Nalijte polévku do velké nádoby, vmíchejte sojové mléko, přikryjte a dejte do chladu, dokud nevychladne, asi 3 hodiny.

c) Polévku nalijte do misek, každou ozdobte lžičkou chutney a podávejte.

17. Polévka z divokých třešní

SLOŽENÍ:
- 11/2 libry zralých třešní, vypeckovaných
- 2 šálky bílé hroznové šťávy nebo brusinkové šťávy
- 1/3 šálku cukru
- 1 lžíce čerstvé citronové šťávy
- 1 šálek veganské vanilkové zmrzliny, změkčené
- 2 lžíce třešňového likéru

INSTRUKCE:
a) Nakrájejte 8 třešní a dejte stranou. Zbývající třešně vložte do mixéru nebo kuchyňského robotu a zpracujte do hladka. Přidejte hroznovou šťávu, cukr, citronovou šťávu a 1/2 šálku zmrzliny a
b) zpracujte do hladka. Nalijte polévku do nekovové misky. Přikryjte a chlaďte do vychladnutí, asi 3 hodiny.
c) V malé misce smíchejte zbývající 1/2 šálku zmrzliny a třešňový likér a míchejte, aby se dobře promíchaly. Dát stranou.
d) Vychlazenou polévku nalijeme do misek, ozdobíme lžící zmrzlinové směsi a nasekanými třešněmi a podáváme.

18. Letní ovocná polévka

SLOŽENÍ:

- 2 šálky nakrájeného melounu nebo medového melounu
- 1 šálek nakrájeného čerstvého ananasu
- 1 zralé mango nebo 2 broskve, oloupané, vypeckované a nakrájené
- 1 zralý banán, nakrájený
- 1 lžíce čerstvé citronové šťávy
- 1 šálek čerstvé pomerančové šťávy
- 1 šálek jablečné nebo ananasové šťávy
- 1/2 šálku obyčejného neslazeného sójového mléka
- 1/3 šálku veganského bílého jogurtu nebo veganské zakysané smetany, domácí (viz Tofu zakysaná smetana) nebo koupené v obchodě
- 2 lžíce agávového nektaru
- 1/2 šálku oloupaných nakrájených jahod na ozdobu
- Snítky čerstvé máty, na ozdobu

INSTRUKCE:

a) V kuchyňském robotu smíchejte meloun, ananas, mango a banán a zpracujte do hladka. Přidejte citronovou šťávu, pomerančový džus, jablečný džus a sójové mléko a zpracujte, dokud se dobře nesmíchá. Nalijte polévku do velké nádoby. Zakryjte a nechte v chladu, dokud dobře nevychladne, alespoň 3 hodiny.

b) V malé misce smíchejte jogurt a agávový nektar v malé misce a promíchejte, dokud nebude hladká. Vychlazenou polévku nalijeme do misek, ozdobíme lžící jogurtové směsi, několika plátky jahod a snítkami čerstvé máty a podáváme.

19.Dánská jablečná polévka

SLOŽENÍ:
- 2 velká jablka, zbavená jádřinců, nastrouhaná
- 2 šálky vody
- 1 tyčinka skořice
- 3 Celý hřebíček
- ⅛ lžičky soli
- ½ šálku cukru
- 1 lžíce kukuřičného škrobu
- 1 šálek Čerstvé švestky, neoloupané a nakrájené na plátky
- 1 šálek Čerstvé broskve, oloupané a nakrájené
- ¼ šálku portského vína

INSTRUKCE:
a) Smíchejte jablka, vodu, tyčinku skořice, hřebíček a sůl ve středně velké pánvi.
b) Smíchejte cukr a kukuřičný škrob a přidejte do jablečné směsi.
c) Přidáme švestky a broskve a dusíme, dokud tyto plody nezměknou a směs mírně zhoustne.
d) Přidejte portské víno .
e) Jednotlivé porce zalijte kopečkem světlé zakysané smetany nebo odtučněným vanilkovým jogurtem.

20.Chlazená polévka z melounu

SLOŽENÍ:
- 1 ananasový meloun – oloupaný, zbavený semínek a nakrájený na kostky
- 2 šálky pomerančové šťávy
- 1 lžíce čerstvé limetkové šťávy
- 1/4 lžičky mleté skořice

INSTRUKCE:
a) Meloun oloupeme, semen a nakrájíme na kostky. Vložte meloun a 1/2 šálku pomerančové šťávy do mixéru nebo kuchyňského robotu; přikryjeme a zpracujeme do hladka.
b) Přeneste do velké mísy. Vmíchejte limetkovou šťávu, skořici a zbývající pomerančovou šťávu. Zakryjte a dejte do chladničky alespoň na jednu hodinu.
c) V případě potřeby ozdobte mátou.

21. Norská borůvková polévka

SLOŽENÍ:
- 1 Obálka neochucené želatiny
- ¼ šálku studené vody
- 4 šálky čerstvé pomerančové šťávy
- 3 lžíce čerstvé citronové šťávy
- ¼ šálku cukru
- 2 šálky Čerstvé borůvky, omyté
- Čerstvá máta, na ozdobu

INSTRUKCE:
a) V pudinkovém hrnečku změkněte želatinu ve studené vodě. Vložte do hrnce s horkou (ne vroucí) vodou, dokud se nerozpustí a nebudete připraveni k použití.
b) Smíchejte pomerančovou šťávu, citronovou šťávu a cukr s rozpuštěnou želatinou. Míchejte, dokud se cukr a želatina nerozpustí.
c) Chlaďte, dokud směs nezačne houstnout.
d) Do směsi vmícháme borůvky.
e) Chlaďte, dokud nebudete připraveni k podávání.
f) Nalijte do vychlazených bujónových pohárů a ozdobte čerstvou mátou.
g) Užijte si osvěžující norskou borůvkovou polévku!

22. Studený krém z řeřichy a jablečná polévka

SLOŽENÍ:
- 2 svazky řeřichy, stonky odstraněny
- 2 jablka, oloupaná, zbavená jádřinců a nakrájená
- 2 hrnky zeleninového vývaru
- 1 hrnek obyčejného řeckého jogurtu
- 1 lžíce citronové šťávy
- Sůl a pepř na dochucení
- Listy řeřichy na ozdobu

INSTRUKCE:
a) V mixéru smíchejte řeřichu, nakrájená jablka a zeleninový vývar.
b) Rozmixujte do hladka.
c) Vmíchejte řecký jogurt a citronovou šťávu. Dochuťte solí a pepřem podle chuti.
d) Polévku vychladíme v lednici alespoň na 2 hodiny.
e) Podáváme studené, ozdobené lístky řeřichy.

23.Studená višňová polévka

SLOŽENÍ:
- 2 šálky višní, vypeckovaných
- 1 šálek bílého jogurtu
- 1/4 šálku medu nebo javorového sirupu
- 1/2 lžičky mandlového extraktu
- Špetka skořice
- Nakrájené mandle na ozdobu

INSTRUKCE:
a) V mixéru smíchejte višně, bílý jogurt, med nebo javorový sirup, mandlový extrakt a skořici.
b) Rozmixujte do hladka.
c) Polévku vychlaďte alespoň 1 hodinu v lednici.
d) Podáváme studené, ozdobené loupanými mandlemi.

24. Dánská jablečná polévka s ovocem a vínem

SLOŽENÍ:
- 2 velká jablka, zbavená jádřinců, nakrájená a nakrájená na velké kostky
- 2 šálky vody
- 1 tyčinka skořice (2 palce)
- 3 Celý hřebíček
- 1/8 lžičky soli
- ½ šálku cukru
- 1 lžíce kukuřičného škrobu
- 1 šálek Čerstvé švestky, neloupané a nakrájené na osminky
- 1 šálek Čerstvé broskve, oloupané a nakrájené na velké kostky
- ¼ šálku portského vína

INSTRUKCE:
a) Smíchejte jablka, vodu, tyčinku skořice, hřebíček a sůl ve středně velké pánvi.
b) Zakryjte a vařte na středním plameni, dokud jablka nezměknou.
c) Celé koření a pyré vyjmeme protlačením horké směsi přes hrubý cedník.
d) Smíchejte cukr a kukuřičný škrob a přidejte do směsi pyré z jablek.
e) Přidáme švestky a broskve a dusíme, dokud tyto plody nezměknou a směs mírně zhoustne. Bude to trvat velmi krátkou dobu.
f) Přidejte portské víno a ochutnejte sladkost, v případě potřeby přidejte více cukru. Pamatujte však, že chuť této jablečné polévky by měla být kyselá.
g) Důkladně vychlaďte.
h) Jednotlivé porce zalijte kopečkem světlé zakysané smetany nebo odtučněným vanilkovým jogurtem.
i) Smetanu nebo jogurt lehce popráším trochou muškátového oříšku.

25.Studená broskvová jahodová polévka

SLOŽENÍ:
- 2 zralé broskve, oloupané, vypeckované a nakrájené
- 1 šálek jahod, oloupaných a nakrájených
- 1 šálek pomerančové šťávy
- 1 lžíce medu nebo javorového sirupu (volitelně)
- Listy čerstvé bazalky na ozdobu

INSTRUKCE:
a) V mixéru smíchejte nakrájené broskve, jahody, pomerančový džus a med (pokud používáte).
b) Rozmixujte do hladka.
c) Polévku vychlaďte v lednici alespoň na 1 hodinu.
d) Podáváme studené, ozdobené lístky čerstvé bazalky.

26. Studená meruňková zakysaná smetanová polévka

SLOŽENÍ:
- 500 g zralých meruněk, vypeckovaných a nakrájených na kostičky
- 1 šálek zakysané smetany
- 1/4 šálku medu
- 1 lžíce citronové šťávy
- 1/2 lžičky mletého zázvoru
- 1/4 lžičky mleté skořice
- Nakrájená čerstvá máta na ozdobu

INSTRUKCE:
a) V mixéru smíchejte na kostičky nakrájené meruňky, zakysanou smetanu, med, citronovou šťávu, mletý zázvor a mletou skořici.
b) Rozmixujte do hladka.
c) Polévku vychladíme v lednici alespoň na 2 hodiny.
d) Podáváme studené, ozdobené nasekanou čerstvou mátou.
e) (Poznámka: Upravte sladkost pomocí více nebo méně medu podle osobních preferencí)

27. Karamel Mountain Ranch Studená jahodová polévka

SLOŽENÍ:

- 500 g čerstvých jahod, oloupaných a nakrájených na plátky
- 1 šálek bílého jogurtu
- 2 lžíce medu
- 1 lžička vanilkového extraktu
- 1/4 lžičky mleté skořice
- Čerstvé lístky máty na ozdobu

INSTRUKCE:

a) V mixéru smíchejte nakrájené jahody, jogurt, med, vanilkový extrakt a mletou skořici.
b) Mixujte, dokud nebude hladká a krémová.
c) Polévku vychlaďte v lednici alespoň na 1 hodinu.
d) Podáváme studené, ozdobené lístky čerstvé máty.
e) (Poznámka: Příchuť "Caramel Mountain Ranch" může být přidána pokapáním karamelové omáčky na polévku před podáváním, pokud je to žádoucí)

28. Studená polévka z papáji

SLOŽENÍ:
- 2 zralé papáji, oloupané, zbavené semínek a nakrájené
- 1 šálek kokosového mléka
- 2 lžíce limetkové šťávy
- 1 lžíce medu nebo javorového sirupu (volitelně)
- Špetka soli
- Čerstvé lístky máty na ozdobu

INSTRUKCE:
a) V mixéru smíchejte nakrájenou papáju, kokosové mléko, limetkovou šťávu, med (pokud používáte) a špetku soli.
b) Rozmixujte do hladka.
c) Polévku vychlaďte v lednici alespoň na 1 hodinu.
d) Podáváme studené, ozdobené lístky čerstvé máty.

29. Citrusová višňová polévka

SLOŽENÍ:
- 4 šálky vypeckovaných třešní
- 1 šálek pomerančové šťávy
- 1 lžíce medu
- 1 lžička citronové šťávy
- 1/4 lžičky mleté skořice
- Špetka soli
- Čerstvé lístky máty na ozdobu

INSTRUKCE:
a) V mixéru smíchejte vypeckované třešně, pomerančovou šťávu, med, citronovou šťávu, mletou skořici a špetku soli.
b) Rozmixujte do hladka.
c) Polévku vychlaďte v lednici alespoň na 1 hodinu.
d) Podáváme studené, ozdobené lístky čerstvé máty.

30. Dánská sladká polévka

SLOŽENÍ:
- 1 litr šťávy z červeného ovoce
- ½ šálku rozinek, zlaté
- ½ šálku rybízu
- ½ šálku švestek; nebo švestky, vypeckované a nakrájené
- ½ šálku cukru
- 3 lžíce tapioky, minutka
- 2 plátky citronu
- Malá tyčinka skořice

INSTRUKCE:
a) Smíchejte ovocnou šťávu, rozinky, rybíz, sušené švestky a cukr.
b) Vařte několik minut a poté přidejte pár plátků citronu a malou tyčinku skořice.
c) Přidejte tapioku.
d) Pokračujte ve vaření, dokud se tapioka neuvaří čirá, míchejte, aby se tapioka nelepila.
e) Lžící nandejte do misek a podávejte se smetanou nebo Cool Whip.

31. Studená melounová mátová polévka

SLOŽENÍ:
- 1 zralý meloun (cantaloupe nebo medovka), zbavený semínek a nakrájený na kostky
- 1 šálek kokosové vody
- 2 lžíce limetkové šťávy
- 1 lžíce medu nebo javorového sirupu (volitelně)
- Čerstvé lístky máty na ozdobu

INSTRUKCE:
a) V mixéru smíchejte kostky melounu, kokosovou vodu, limetkovou šťávu a med (pokud používáte).
b) Rozmixujte do hladka.
c) Polévku vychlaďte v lednici alespoň na 1 hodinu.
d) Podáváme studené, ozdobené lístky čerstvé máty.

32. Studená borůvková polévka s pomerančovým bylinkovým sorbetem

SLOŽENÍ:
- 500 g čerstvých borůvek
- 2 šálky pomerančové šťávy
- 1/4 šálku medu
- 1 lžička strouhané pomerančové kůry
- 1/4 šálku nasekané čerstvé máty
- 1/4 šálku nasekané čerstvé bazalky
- Vanilková zmrzlina k podávání

INSTRUKCE:
a) V mixéru smíchejte borůvky, pomerančový džus, med a nastrouhanou pomerančovou kůru.
b) Rozmixujte do hladka.
c) Vmícháme nasekanou mátu a bazalku.
d) Polévku vychladíme v lednici alespoň na 2 hodiny.
e) Podáváme studené, přelité kopečkem vanilkové zmrzliny.

33. Norská ovocná polévka (Sotsuppe)

SLOŽENÍ:
- 1 šálek sušených švestek bez pecky
- ¾ šálku rozinek
- ¾ šálku sušených meruněk
- Studená voda
- ¼ šálku Tapioka pro rychlé vaření, nevařená
- 2 šálky vody
- 2 lžíce citronové šťávy
- 1 šálek hroznové šťávy
- 1 lžička octa
- ½ šálku cukru
- 1 tyčinka skořice

INSTRUKCE:
a) Smíchejte švestky, rozinky a meruňky v třílitrovém hrnci. Přidejte dostatek vody na zakrytí, přibližně 3 šálky. Přiveďte k varu a 30 minut vařte doměkka.
b) V malém hrnci přiveďte k varu 2 hrnky vody. Vmíchejte tapioku a vařte 10 minut.
c) Jakmile ovoce změkne, přidejte uvařenou tapioku, citronovou šťávu, hroznovou šťávu, ocet, cukr a tyčinku skořice. Přiveďte k varu a poté vařte dalších 15 minut. Vyjměte tyčinku skořice. Chladnutím směs zhoustne; přidejte trochu vody nebo hroznové šťávy, pokud se vám zdá příliš hustá.
d) Podávejte teplé nebo studené. Podáváme-li studené, můžeme ozdobit šlehačkou.

34. Chlazená jahodová jogurtová polévka

SLOŽENÍ:
- 1 libra čerstvých jahod
- 1 ¼ šálku vanilkového jogurtu
- 3 lžíce cukrářského cukru
- 2 lžíce koncentrátu pomerančové šťávy
- 1/8 lžičky mandlového extraktu nebo ½ lžičky citronové šťávy

INSTRUKCE:
a) Smíchejte jahody, jogurt, cukr, koncentrát pomerančové šťávy a extrakt.
b) Ozdobte zbylým jogurtem.

35.Jahodová / borůvková polévka

SLOŽENÍ:
- 1 libra čerstvých jahod nebo borůvek, dobře očištěných
- 1 ¼ šálku vody
- 3 polévkové lžíce granulovaného sladidla
- 1 polévková lžíce čerstvé citronové šťávy
- ½ šálku sójové nebo rýžové smetany do kávy
- Volitelné: 2 šálky uvařených, vychladlých nudlí

INSTRUKCE:
a) Ve středním hrnci smíchejte ovoce s vodou a zahřejte k rychlému varu.
b) Snižte teplotu na minimum, přikryjte a vařte 20 minut, nebo dokud ovoce nezměkne.
c) Rozmixujte v mixéru do hladka. Protlak vraťte do hrnce a vmíchejte cukr, citronovou šťávu a smetanu. Po promíchání nechte 5 minut vařit.
d) Před podáváním polévku chlaďte alespoň 2 hodiny.
e) Tato polévka se tradičně podává samotná nebo se studenými nudlemi.

36. Karibská avokádová polévka

SLOŽENÍ:
- 3 zralá avokáda
- ½ hrnku jogurtu
- 2½ šálků organického kuřecího vývaru
- 1 lžička kari
- 1 lžička soli
- ¼ lžičky bílého pepře

INSTRUKCE
a) Avokádo podélně rozpůlte, z pěti půlek vydlabejte dužinu a jednu polovinu si nechte na ozdobu.
b) Přidejte jeden šálek kuřecího vývaru do mixéru spolu s avokádem. Směs.
c) Naplňte mixér jogurtem, zbývajícím 1 šálkem vývaru, solí, bílým pepřem a kari. Znovu promíchejte.
d) Nechte 5 až 10 minut vychladit v lednici.
e) Ihned podávejte a doplňte každé jídlo několika plátky odloženého avokáda.

STUDENÉ ZELENINOVÉ POLÉVKY

37. Sladké brambory Vichyssoise

SLOŽENÍ:

- 1 lžíce olivového oleje
- 2 střední pórky, pouze bílé části, dobře opláchnuté a nakrájené
- 3 velké sladké brambory, oloupané a nakrájené
- 3 šálky zeleninového vývaru, domácího (viz Světlý zeleninový vývar) nebo z obchodu, nebo vody Sůl
- Špetka mletého cayenne
- 1 šálek obyčejného neslazeného sójového mléka nebo více podle potřeby
- Nakrájená čerstvá pažitka na ozdobu

INSTRUKCE:

a) Ve velkém polévkovém hrnci rozehřejte na středním plameni olej. Přidejte pórek a vařte do měkka, asi 5 minut. Přidejte sladké brambory, vývar a podle chuti sůl a kajenský pepř. Přiveďte k varu, snižte teplotu na minimum a vařte odkryté, dokud nejsou brambory měkké, asi 30 minut.

b) Polévku rozmixujte v hrnci na pyré ponorným mixérem nebo v mixéru či kuchyňském robotu, v případě potřeby po dávkách. Přendejte do velké nádoby a vmíchejte sojové mléko. Zakryjte a chlaďte do vychladnutí, alespoň 3 hodiny. Ochutnejte, v případě potřeby dochuťte a pokud je polévka příliš hustá, přidejte ještě trochu sójového mléka.

c) Nalijte do misek, posypte pažitkou a podávejte.

38. Chlazená avokádovo-rajčatová polévka

SLOŽENÍ:
- 2 stroužky česneku, rozdrcené
- Sůl
- 2 zralá avokáda Hass
- 2 lžičky citronové šťávy
- 2 libry zralých švestkových rajčat, hrubě nasekaných
- (14,5 unce) plechovka drcených rajčat
- šálek rajčatové šťávy
- Čerstvě mletý černý pepř
- 8 lístků čerstvé bazalky na ozdobu

INSTRUKCE:
a) V mixéru nebo kuchyňském robotu smíchejte česnek a 1/2 lžičky soli a zpracujte na pastu.
b) Jedno z avokáda vypeckujte, oloupejte a přidejte do kuchyňského robotu spolu s citronovou šťávou. Zpracujte do hladka. Přidejte čerstvá a konzervovaná rajčata, rajčatovou šťávu a sůl a pepř podle chuti. Zpracujte do hladka.
c) Přeneste polévku do velké nádoby, přikryjte a dejte do chladu, dokud nevychladne, 2 až 3 hodiny.
d) Ochutnejte, v případě potřeby upravte koření. Zbylé avokádo vypeckujte, oloupejte a nakrájejte na malé kostičky. Listy bazalky nakrájejte na tenké proužky. Polévku nalijte do misek, přidejte na kostičky nakrájené avokádo, ozdobte bazalkou a podávejte.

39. Okurková kešu polévka

SLOŽENÍ:
- 1 stroužek česneku, rozdrcený
- 1/2 lžičky soli
- 1 hrnek obyčejného neslazeného sójového mléka
- 2 střední anglické okurky, oloupané a nakrájené
- 2 lžíce nakrájené zelené cibule
- 1 lžíce čerstvé citronové šťávy
- 1 lžíce nasekané čerstvé petrželky
- 2 lžičky mletého čerstvého kopru nebo 1/2 lžičky sušené
- 1 polévková lžíce nasekané čerstvé pažitky na ozdobu

INSTRUKCE:
a) V mixéru nebo kuchyňském robotu rozdrťte kešu oříšky na jemný prášek. Přidejte česnek a sůl, míchejte, dokud se nevytvoří hustá pasta. Přidejte 1/4 šálku sójového mléka a promíchejte, dokud nebude hladká a krémová.
b) Přidejte okurky, zelenou cibulku, citronovou šťávu, petržel a kopr a zpracujte do hladka.
c) Přidejte zbývající ¾ šálku sójového mléka a zpracujte, dokud se dobře nesmíchá.
d) Přeneste směs do velké nádoby, přikryjte a chlaďte, dokud dobře nevychladne a chutě se promísí, 2 až 3 hodiny. Ochutnejte, v případě potřeby upravte koření.
e) Polévku nalijeme do misek, ozdobíme pažitkou a podáváme.

40. Chlazená mrkvová polévka

SLOŽENÍ:
- 1 lžíce řepkového nebo hroznového oleje
- 1 malá cibule, nakrájená
- 1 libra mrkve, nakrájená
- 3 zralá švestková rajčata, nakrájená
- 1 lžička strouhaného čerstvého zázvoru
- 1 lžička cukru
- 1/2 lžičky soli
- 1/8 lžičky mletého kajenského pepře
- 3 šálky zeleninového vývaru, domácího (viz Světlý zeleninový vývar) nebo z obchodu, nebo vody
- 1 (13,5 unce) plechovka neslazeného kokosového mléka
- 1 lžička čerstvé limetkové šťávy
- 1 lžíce mleté čerstvé bazalky nebo koriandru

INSTRUKCE:
a) Ve velkém polévkovém hrnci rozehřejte na středním plameni olej. Přidejte cibuli, přikryjte a vařte do změknutí, 5 minut. Vmíchejte mrkev, přikryjte a vařte ještě 5 minut. Přidejte rajčata, zázvor, cukr, sůl, kajenský pepř a vývar. Přiveďte k varu, poté snižte teplotu na minimum a vařte odkryté, dokud zelenina nezměkne, asi 30 minut.

b) Polévku rozmixujte v hrnci na pyré ponorným mixérem nebo v mixéru či kuchyňském robotu, v případě potřeby po dávkách. Nalijte polévku do velké mísy, vmíchejte kokosové mléko a limetkovou šťávu a dejte do lednice, dokud nevychladne, alespoň 3 hodiny.

c) Ochutnejte, v případě potřeby dochuťte a nalijte do misek. Ozdobte bazalkou a podávejte.

41. Polévka z chlazené řepy

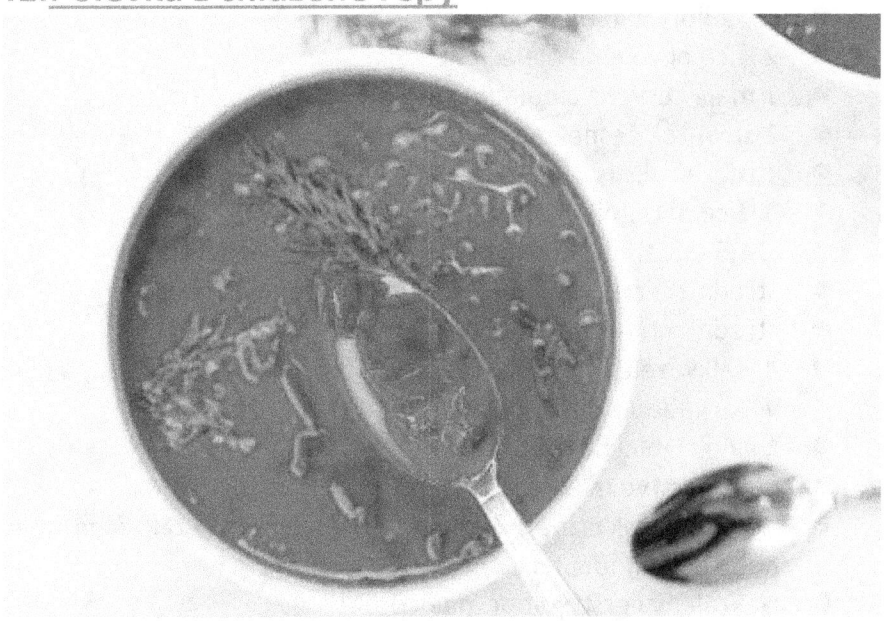

SLOŽENÍ:
- 11/2 libry červené řepy
- 2 lžíce olivového oleje
- 1 malá červená cibule, nakrájená
- 1 stroužek česneku, nasekaný
- 1 lžička cukru
- 3 lžíce balzamikového octa
- (14,5 unce) plechovka drcených rajčat
- středně červenohnědý brambor, oloupaný a nakrájený
- střední mrkev, nakrájená
- 4 šálky zeleninového vývaru, domácího (viz Světlý zeleninový vývar) nebo z obchodu, nebo vody
- 1 šálek jablečné šťávy
- Sůl a čerstvě mletý černý pepř
- Veganská zakysaná smetana, domácí (viz Tofu zakysaná smetana) nebo z obchodu, na ozdobu
- Nakrájený čerstvý kopr, na ozdobu

INSTRUKCE:
a) Ve velkém hrnci s vroucí vodou vařte řepu jen tak dlouho, aby se uvolnila slupka a snadno se odstranila, 15 až 20 minut. Sceďte a nechte vychladnout, poté slupky sejměte a vyhoďte. Řepu nakrájíme nahrubo a dáme stranou.
b) Ve velkém polévkovém hrnci rozehřejte na středním plameni olej. Přidejte cibuli, přikryjte a vařte do změknutí, asi 5 minut. Vmíchejte česnek, cukr a ocet a vařte odkryté, dokud se ocet nevypaří, asi 1 minutu. Přidejte rajčata, nakrájenou řepu, brambory a mrkev. Vmícháme vývar a jablečnou šťávu. Dochuťte solí a pepřem podle chuti. Přiveďte k varu, poté snižte na minimum a vařte odkryté, dokud zelenina nezměkne, asi 30 minut. Odstraňte z ohně a nechte mírně vychladnout.
c) Polévku rozmixujte v mixéru nebo kuchyňském robotu, v případě potřeby po dávkách. Přeneste polévku do velké nádoby, přikryjte a dejte do chladu, dokud nevychladne, alespoň 3 hodiny.
d) Nalijte do misek, ozdobte zakysanou smetanou a koprem a podávejte.

42. Studená zelená zeleninová polévka s rybou

SLOŽENÍ:
- 500 g míchané zelené zeleniny (jako je okurka, zelená paprika a zelená cibule), jemně nakrájené
- 200 g vařených ryb (jako je pstruh nebo losos), ve vločkách
- 2 hrnky zeleninového vývaru
- 1 šálek zakysané smetany
- 2 lžíce nasekaného čerstvého kopru
- 2 lžíce nasekané čerstvé petrželky
- Sůl a pepř na dochucení
- Plátky citronu na ozdobu

INSTRUKCE:
a) Ve velké misce smíchejte nakrájenou zelenou zeleninu a vločky z ryb.
b) Vmíchejte zeleninový vývar a zakysanou smetanu, dokud se dobře nespojí.
c) Přidejte nasekaný kopr, petržel, sůl a pepř a důkladně promíchejte.
d) Před podáváním polévku vychlaďte alespoň 1 hodinu v lednici.
e) Podáváme studené, ozdobené plátky citronu.

43. Studená tomatillo polévka

SLOŽENÍ:
- 1 libra tomatillos, loupaných a nakrájených na čtvrtky
- 1 avokádo, oloupané a vypeckované
- 1/2 šálku nasekaného koriandru
- 1 papřička jalapeňo, zbavená semínek a nakrájená
- 2 hrnky zeleninového vývaru
- 1/4 šálku limetkové šťávy
- Sůl a pepř na dochucení
- Proužky tortilly na ozdobu

INSTRUKCE:
a) V mixéru smíchejte na čtvrtky nakrájená tomatillos, avokádo, nasekaný koriandr, nasekanou papričku jalapeňo, zeleninový vývar a limetkovou šťávu.
b) Rozmixujte do hladka.
c) Dochuťte solí a pepřem podle chuti.
d) Polévku vychlaďte v lednici alespoň na 1 hodinu.
e) Podáváme vychlazené, ozdobené proužky tortilly.

44. Mrkvová a jogurtová polévka

SLOŽENÍ:
- 4 šálky nakrájené dušené mrkve
- 1 šálek studené vody
- ½ šálku obyčejného 2% řeckého jogurtu
- ¼ šálku syrových nesolených kešu oříšků
- 2 lžíce limetkové šťávy
- ¾ lžičky kmínu
- ½ lžičky kurkumy
- ½ lžičky hrubé soli

INSTRUKCE:
a) Smíchejte mrkev, vodu, jogurt, kešu, limetkovou šťávu, kmín, kurkumu a sůl.
b) Před podáváním vychlaďte.

45.Studená cuketová a pórková polévka

SLOŽENÍ:
- 2 cukety, nakrájené
- 1 pórek, pouze bílé a světle zelené části, nakrájený na plátky
- 2 hrnky zeleninového vývaru
- 1/2 hrnku obyčejného řeckého jogurtu
- 2 lžíce citronové šťávy
- 1 lžíce nasekaného čerstvého kopru
- Sůl a pepř na dochucení
- Cuketové stuhy na ozdobu

INSTRUKCE:
a) V hrnci orestujte nakrájený pórek do změknutí.
b) Přidejte nakrájené cukety a zeleninový vývar. Přiveďte k varu a vařte 10 minut.
c) Odstraňte z ohně a nechte mírně vychladnout.
d) Směs přendejte do mixéru a rozmixujte do hladka.
e) Vmíchejte řecký jogurt, citronovou šťávu, nasekaný čerstvý kopr, sůl a pepř.
f) Polévku vychlaďte v lednici alespoň na 1 hodinu.
g) Podáváme studené, ozdobené cuketovými stužkami.

46. Polévka z cukety a avokáda

SLOŽENÍ:
- 4 šálky nakrájené cukety
- 1 avokádo
- ¾ šálku studené vody
- ½ šálku nasekaného koriandru
- ½ šálku řeřichy
- 3 lžíce citronové šťávy
- ½ lžičky hrubé soli
- ½ šálku cizrny, opláchnuté a okapané

INSTRUKCE:
a) Smíchejte cuketu, avokádo, vodu, koriandr, řeřichu, citronovou šťávu a sůl.
b) Před podáváním vychlaďte.

47.Studená okurková a špenátová polévka

SLOŽENÍ:
- 2 okurky, oloupané a nakrájené
- 2 šálky čerstvých listů špenátu
- 1/2 šálku bílého jogurtu
- 2 lžíce citronové šťávy
- 1 lžíce nasekaného čerstvého kopru
- Sůl a pepř na dochucení
- Plátky okurky na ozdobu

INSTRUKCE:
a) V mixéru smíchejte nakrájené okurky, listy čerstvého špenátu, bílý jogurt, citronovou šťávu, nasekaný čerstvý kopr, sůl a pepř.
b) Rozmixujte do hladka.
c) Polévku vychlaďte v lednici alespoň na 1 hodinu.
d) Podáváme studené, ozdobené plátky okurky.

48. Studená avokádová polévka s chilli koriandrovým krémem

SLOŽENÍ:
- 2 zralá avokáda, oloupaná a vypeckovaná
- 2 hrnky zeleninového vývaru
- 1/2 šálku zakysané smetany
- 1 lžíce čerstvé limetkové šťávy
- 1/2 lžičky mletého kmínu
- Sůl a pepř na dochucení
- 1/4 šálku nasekaného čerstvého koriandru
- Červené chilli vločky na ozdobu

INSTRUKCE:
a) V mixéru smíchejte avokádo, zeleninový vývar, zakysanou smetanu, limetkovou šťávu a mletý kmín.
b) Rozmixujte do hladka.
c) Dochuťte solí a pepřem podle chuti.
d) Polévku vychlaďte v lednici alespoň na 1 hodinu.
e) K podávání nalijte studenou polévku do misek. Ozdobte nasekaným koriandrem a posypte vločkami červeného chilli.

49. Polévka z řepy a červeného zelí

SLOŽENÍ:
- Dva 8-uncové balíčky předvařené řepy
- 1 šálek podmáslí
- 1 šálek nakrájeného červeného zelí
- ¼ šálku kopru
- 2 lžíce připraveného křenu
- ¾ lžičky hrubé soli

INSTRUKCE:
a) Smíchejte řepu, podmáslí, zelí, kopr, křen a sůl.
b) Před podáváním vychlaďte.

50. Polévka z rajčat a červené papriky

SLOŽENÍ:
- 1 hrnek scezené pečené červené papriky
- 4 šálky nakrájených rajčat
- ¼ šálku každé nasekané bazalky a pražených mandlí
- 2 lžíce extra panenského olivového oleje
- 1 lžíce sherry nebo červeného vinného octa

INSTRUKCE:
a) Smíchejte všechny ingredience.
b) Před podáváním vychlaďte.

51. Zázvorová a mrkvová polévka

SLOŽENÍ:
- 2 lžíce olivového oleje
- 1 střední cibule
- 1 2palcový kousek čerstvého zázvoru
- 1 stroužek česneku
- 2 kila mrkve
- 6 šálků zeleninového vývaru s nízkým obsahem sodíku
- Šťáva z 1 limetky
- 1 šálek bílého jogurtu
- Sůl a čerstvě mletý černý pepř podle chuti

INSTRUKCE:
a) Orestujte cibuli, zázvor a česnek.
b) Přidáme mrkev a vývar, dusíme do měkka.
c) Polévka z pyré a chill.
d) Před podáváním vmíchejte limetkovou šťávu a jogurt.

52. Studená polévka z avokáda a podmáslí

SLOŽENÍ:
- 2 zralá avokáda, oloupaná a vypeckovaná
- 2 šálky podmáslí
- 1/4 šálku nasekaného čerstvého koriandru
- 2 lžíce čerstvé limetkové šťávy
- 1 stroužek česneku, nasekaný
- Sůl a pepř na dochucení
- Tence nakrájené ředkvičky na ozdobu
- Klínky limetky na ozdobu

INSTRUKCE:
a) V mixéru smíchejte avokádo, podmáslí, koriandr, limetkovou šťávu a mletý česnek.
b) Mixujte, dokud nebude hladká a krémová.
c) Dochuťte solí a pepřem podle chuti.
d) Polévku vychlaďte v lednici alespoň na 1 hodinu.
e) Podáváme studené, ozdobené na tenké plátky nakrájenými ředkvičkami a měsíčky limetky.

53.Česneková polévka z kari cukety

SLOŽENÍ:
- 2 lžíce olivového oleje
- 1 střední cibule
- 1 stroužek česneku
- 2 lžičky kari
- 2 libry cukety
- 4 šálky kuřecího nebo zeleninového vývaru s nízkým obsahem sodíku
- Sůl a čerstvě mletý černý pepř podle chuti
- 1 šálek zakysané smetany se sníženým obsahem tuku
- 2 lžíce nasekaného čerstvého koriandru na ozdobu

INSTRUKCE:
a) Osmahneme cibuli, česnek a kari.
b) Přidáme cuketu a vývar, dusíme do měkka.
c) Polévka z pyré a chill.
d) Před podáváním vmícháme zakysanou smetanu a dochutíme.

54. Koprový jogurt a okurková polévka

SLOŽENÍ:
- 2 velké okurky, oloupané a nakrájené na kostičky
- 2 šálky řeckého jogurtu
- 1 stroužek česneku, nasekaný
- 2 lžíce čerstvé citronové šťávy
- 1 lžíce nasekaného čerstvého kopru
- Sůl a pepř na dochucení
- Extra panenský olivový olej na pokapání
- Nakrájená čerstvá máta na ozdobu

INSTRUKCE:
a) V mixéru smíchejte na kostičky nakrájené okurky, řecký jogurt, mletý česnek, citronovou šťávu a nasekaný kopr.
b) Mixujte, dokud nebude hladká a krémová.
c) Dochuťte solí a pepřem podle chuti.
d) Polévku vychladíme v lednici alespoň na 2 hodiny.
e) Před podáváním pokapejte extra panenským olivovým olejem a ozdobte nasekanou čerstvou mátou.

55. Boršč

SLOŽENÍ:
- 2 svazky řepy se zelení (asi 8-9 střední řepy)
- ½ šálku nakrájené cibule
- Kilogramová konzerva dušená rajčata
- 3 polévkové lžíce čerstvé citronové šťávy
- ⅓ šálku granulovaného sladidla

INSTRUKCE:
a) Červenou řepu vydrhněte a očistěte, ale slupky nechte působit. Udržujte zelení v bezpečí. Ve velkém hrnci smíchejte řepu, cibuli a 3 litry vody.
b) Vařte jednu hodinu, nebo dokud řepa nezměkne. Vyjměte řepu z vody, ale NEVYHAZUJTE VODU. Vyhoďte cibuli.
c) Řepu po nakrájení najemno vraťte do vody. Zelení je třeba před přidáním do vody umýt a nakrájet. Smíchejte rajčata, citronovou šťávu a sladidlo v míse. Vařte 30 minut na středním plameni, nebo dokud zelenina nezměkne.
d) Před podáváním nechte alespoň 2 hodiny chladit.

56.Krémová bazalková cuketová polévka

SLOŽENÍ:
- 1 lžíce olivového oleje
- 1 velká žlutá cibule, nakrájená
- 2 libry cukety, nakrájené na 1/4 palce tlusté
- 4 šálky se sníženým obsahem sodíku nebo domácí kuřecí vývar
- 1 šálek volně balených lístků bazalky, omytých a odstopkovaných, plus další na ozdobu
- 2 polévkové lžíce crème fraîche (viz poznámky), plus další na ozdobu
- 1/4 lžičky chilli a další na ozdobu
- Kóšer sůl

INSTRUKCE:
a) Ve velkém hrnci na středním plameni rozehřejte olivový olej. Přidejte cibuli a vařte, dokud nebude průhledná, asi 5 minut. Přidejte cuketu a vařte další 2 minuty; poté přidejte kuřecí vývar a 1 šálek lístků bazalky. Snižte teplotu na mírný plamen a vařte 20 minut.

b) Polévku rozmixujte po dávkách v mixéru. Polévku přelijte přes sítko do mísy a pomocí naběračky protlačte všechny pevné kousky. Přidejte 2 polévkové lžíce. crème fraîche a 1/4 lžičky. chilli prášek. Dochuťte solí podle chuti.

c) Polévku rozdělte do misek a každou ozdobte trochou crème fraîche, troškou chilli a několika lístky bazalky.

STUDENÉ RYBÍ A MOŘSKÉ POLÉVKY

57.Studená Okurková Polévka S Bylinkovými Krevetami

SLOŽENÍ:
- 2 velké anglické okurky
- 1 šálek bílého jogurtu
- 2 stroužky česneku
- 2 lžíce čerstvého kopru, nasekaného
- 2 lžíce čerstvé máty, nasekané
- 1 citron
- Sůl
- Pepř
- 12 velkých krevet, oloupaných a vyloupaných
- Olivový olej
- 1 lžíce čerstvé petrželky, nasekané (na ozdobu)

INSTRUKCE:
PŘIPRAVTE OKURKOVOU POLÉVKU:
a) Okurky oloupeme a nakrájíme.
b) V mixéru nebo kuchyňském robotu smíchejte nakrájené okurky, jogurt, stroužky česneku, kopr, mátu a šťávu z půlky citronu.
c) Rozmixujte do hladka.
d) Polévku dochuťte solí a pepřem podle chuti.
e) Přeneste polévku do velké mísy a ochlaďte, dokud nebude připravena k podávání.

PŘIPRAVTE BYLINKOVÉ KREVETY:
f) Na pánvi nebo pánvi rozehřejte kapku olivového oleje na středně vysokou teplotu.
g) Krevety ochutíme solí a pepřem.
h) Přidejte krevety na pánev a opékejte 2–3 minuty z každé strany, nebo dokud nebudou růžové a propečené.
i) Během vaření krevety vymačkejte šťávu ze zbývající poloviny citronu.
j) Vyjměte krevety z pánve a dejte stranou.

SLOUŽIT:
k) Vychlazenou okurkovou polévku nalijeme do misek.
l) Naplňte každou misku několika bylinkovými krevetami.
m) Ozdobte nasekanou petrželkou.
n) Ihned podávejte a vychutnejte si osvěžující studenou okurkovou polévku s bylinkovými krevetami!

58. Chlazené krevety a avokádová polévka

SLOŽENÍ:
- 1 lb vařené krevety, oloupané a zbavené
- 2 zralá avokáda, oloupaná a nakrájená na kostičky
- 1 okurka, oloupaná, zbavená semínek a nakrájená na kostičky
- 1/4 šálku nasekaného čerstvého koriandru
- 2 lžíce limetkové šťávy
- 2 šálky zeleninového vývaru nebo vývaru z mořských plodů
- Sůl a pepř na dochucení

INSTRUKCE:
a) V mixéru smíchejte jedno avokádo, polovinu okurky, koriandr, limetkovou šťávu a zeleninový vývar. Rozmixujte do hladka.
b) Zbylé avokádo a okurku nakrájejte na malé kousky a přidejte je do polévky.
c) Vmícháme uvařené krevety.
d) Dochuťte solí a pepřem podle chuti.
e) Před podáváním vychlaďte alespoň 1 hodinu v lednici.
f) Podávejte vychlazené, podle potřeby ozdobené koriandrem.

59. Chlazený humr bisque

SLOŽENÍ:
- 2 humří ocasy, vařené a nakrájené
- 2 šálky husté smetany
- 1 šálek vývaru z mořských plodů
- 1/4 šálku suchého sherry
- 2 lžíce rajčatového protlaku
- 1/4 lžičky papriky
- Sůl a pepř na dochucení
- Nakrájená pažitka na ozdobu

INSTRUKCE:
a) V mixéru smíchejte vařené humří ocasy, hustou smetanu, vývar z mořských plodů, sherry, rajčatový protlak a papriku. Rozmixujte do hladka.
b) Dochuťte solí a pepřem podle chuti.
c) Před podáváním vychlaďte alespoň 2 hodiny v lednici.
d) Podáváme studené, ozdobené nasekanou pažitkou.

60.Studená polévka z uzeného lososa

SLOŽENÍ:
- 8 oz uzeného lososa, nakrájeného
- 2 šálky řeckého jogurtu
- 1 okurka, oloupaná, zbavená semínek a nakrájená na kostičky
- 2 zelené cibule, nakrájené na tenké plátky
- 2 lžíce nasekaného čerstvého kopru
- 2 lžíce citronové šťávy
- 1 šálek zeleninového vývaru nebo vývaru z mořských plodů
- Sůl a pepř na dochucení

INSTRUKCE:
a) V mixéru smíchejte uzeného lososa, řecký jogurt, okurku, zelenou cibulku, kopr, citronovou šťávu a zeleninový vývar. Rozmixujte do hladka.
b) Dochuťte solí a pepřem podle chuti.
c) Před podáváním vychlaďte alespoň 1 hodinu v lednici.
d) Podáváme studené, ozdobené snítkou kopru.

61. Chlazené krabí gazpacho

SLOŽENÍ:
- 1 lb kusového krabího masa
- 2 velká rajčata, nakrájená na kostičky
- 1 okurka, oloupaná, zbavená semínek a nakrájená na kostičky
- 1 červená paprika, nakrájená na kostičky
- 1/4 šálku nakrájené červené cibule
- 2 stroužky česneku, mleté
- 2 lžíce nasekané čerstvé petrželky
- 2 lžíce červeného vinného octa
- 2 šálky rajčatové šťávy
- Sůl a pepř na dochucení

INSTRUKCE:
a) V mixéru smíchejte jedno rajče, polovinu okurky, polovinu červené papriky, červenou cibuli, česnek, petržel, červený vinný ocet a rajčatovou šťávu. Rozmixujte do hladka.
b) Zbývající rajčata, okurku a červenou papriku nakrájejte na malé kousky a přidejte je do polévky.
c) Vmícháme hrudku krabího masa.
d) Dochuťte solí a pepřem podle chuti.
e) Před podáváním vychlaďte alespoň 1 hodinu v lednici.
f) Podávejte vychlazené, podle potřeby ozdobené další petrželkou.

62. Studená krabí polévka

SLOŽENÍ:
- 500 g hrudkového krabího masa
- 2 hrnky kuřecího vývaru
- 1 šálek husté smetany
- 1/4 šálku suchého bílého vína
- 1/4 šálku nasekané čerstvé pažitky
- 2 lžíce citronové šťávy
- Sůl a pepř na dochucení
- Měsíčky citronu na ozdobu

INSTRUKCE:
a) Ve velké míse smíchejte krabí hrudky, kuřecí vývar, hustou smetanu, bílé víno, nasekanou pažitku a citronovou šťávu.
b) Dochuťte solí a pepřem podle chuti.
c) Polévku vychlaďte v lednici alespoň na 1 hodinu.
d) Podáváme studené, ozdobené měsíčky citronu.
e) (Poznámka: V případě potřeby lze polévku rozmixovat na pyré pro hladší konzistenci)

63. Studená polévka s podmáslím a krevetami

SLOŽENÍ:
- 2 šálky podmáslí
- 1 šálek bílého jogurtu
- 200 g vařených krevet, oloupaných a vydlabaných
- 1 okurka, oloupaná, zbavená semínek a nakrájená na kostičky
- 2 lžíce nasekaného čerstvého kopru
- 1 lžíce nasekané čerstvé pažitky
- Sůl a pepř na dochucení
- Měsíčky citronu na ozdobu

INSTRUKCE:
a) Ve velké míse smíchejte podmáslí, bílý jogurt, vařené krevety, na kostičky nakrájenou okurku, nasekaný kopr a nasekanou pažitku.
b) Dochuťte solí a pepřem podle chuti.
c) Polévku vychlaďte v lednici alespoň na 1 hodinu.
d) Podáváme studené, ozdobené měsíčky citronu.

64. Chlazená okurka a krabí polévka

SLOŽENÍ:
- 1 lb kusového krabího masa
- 2 anglické okurky, oloupané a nakrájené na kostičky
- 1/2 hrnku obyčejného řeckého jogurtu
- 1/4 šálku nasekaného čerstvého kopru
- 2 lžíce citronové šťávy
- 2 šálky zeleninového vývaru nebo vývaru z mořských plodů
- Sůl a pepř na dochucení

INSTRUKCE:
a) V mixéru smíchejte jednu okurku, řecký jogurt, kopr, citronovou šťávu a zeleninový vývar. Rozmixujte do hladka.
b) Zbylou okurku nakrájíme na malé kousky a přidáme do polévky.
c) Vmícháme hrudku krabího masa.
d) Dochuťte solí a pepřem podle chuti.
e) Před podáváním vychlaďte alespoň 1 hodinu v lednici.
f) Podáváme studené, ozdobené snítkou kopru.

65. Kokosová chlazená polévka s krevetami

SLOŽENÍ:
- 1 lb vařené krevety, oloupané a zbavené
- 1 plechovka (13,5 oz) kokosového mléka
- 1 šálek kuřecího vývaru nebo mořských plodů
- 1 červená paprika, nakrájená na kostičky
- 1/2 šálku nakrájeného ananasu
- 2 lžíce limetkové šťávy
- 1 lžíce rybí omáčky
- 1 lžíce nasekaného čerstvého koriandru
- Sůl a pepř na dochucení

INSTRUKCE:
a) V mixéru smíchejte kokosové mléko, vývar, limetkovou šťávu, rybí omáčku a polovinu červené papriky. Rozmixujte do hladka.
b) Vmíchejte zbývající červenou papriku, na kostičky nakrájený ananas a vařené krevety.
c) Dochuťte solí a pepřem podle chuti.
d) Před podáváním vychlaďte alespoň 1 hodinu v lednici.
e) Podáváme studené, ozdobené nasekaným koriandrem.

66.Studená polévka z tuňáka a bílých fazolí

SLOŽENÍ:

- 2 konzervy (každá 5 oz) tuňáka, okapané
- 2 šálky vařených bílých fazolí (jako cannellini nebo navy fazole)
- 1 šálek nakrájených rajčat
- 1/4 šálku nakrájené červené cibule
- 2 lžíce nasekané čerstvé petrželky
- 2 lžíce červeného vinného octa
- 1 lžíce olivového oleje
- Sůl a pepř na dochucení

INSTRUKCE:

a) Ve velké misce smíchejte tuňáka, bílé fazole, nakrájená rajčata, červenou cibuli, petržel, červený vinný ocet a olivový olej.
b) Dochuťte solí a pepřem podle chuti.
c) Před podáváním vychlaďte alespoň 1 hodinu v lednici.
d) Podávejte vychlazené, podle potřeby ozdobené další petrželkou.

67. Chlazená mušle a kukuřičná polévka

SLOŽENÍ:
- 1 lb mořské mušle, vařené a nakrájené
- 2 šálky čerstvých kukuřičných zrn
- 1 červená paprika, nakrájená na kostičky
- 1/2 šálku celeru nakrájeného na kostičky
- 2 zelené cibule, nakrájené na tenké plátky
- 2 šálky zeleninového vývaru nebo vývaru z mořských plodů
- 1/4 šálku limetkové šťávy
- 1/4 šálku nasekaného čerstvého koriandru
- Sůl a pepř na dochucení

INSTRUKCE:
a) Ve velké misce smíchejte mořské mušle, kukuřičná zrna, červenou papriku, celer, zelenou cibulku, zeleninový vývar, limetkovou šťávu a koriandr.
b) Dochuťte solí a pepřem podle chuti.
c) Před podáváním vychlaďte alespoň 1 hodinu v lednici.
d) Podávejte vychlazené, ozdobené snítkou koriandru.

STUDENÉ DRŮBEŽNÍ POLÉVKY

68. Chlazené kuřecí a zeleninová polévka

SLOŽENÍ:

- 2 šálky vařených kuřecích prsou, nakrájených
- 2 mrkve, oloupané a nakrájené na kostičky
- 2 řapíkatý celer, nakrájený na kostičky
- 1/2 šálku mraženého hrášku
- 1/4 šálku nasekané čerstvé petrželky
- 6 šálků kuřecího vývaru
- 2 lžíce citronové šťávy
- Sůl a pepř na dochucení

INSTRUKCE:

a) Ve velké míse smíchejte vařená kuřecí prsa, mrkev, celer, hrášek a petržel.
b) Směs zalijte kuřecím vývarem a citronovou šťávou a dobře promíchejte.
c) Dochuťte solí a pepřem podle chuti.
d) Před podáváním vychlaďte alespoň 2 hodiny v lednici.
e) Podávejte vychlazené, podle potřeby ozdobené další petrželkou.

69.Chlazená krůtí a brusinková polévka

SLOŽENÍ:

- 2 šálky vařených krůtích prsou, nastrouhaných
- 1/2 šálku sušených brusinek
- 1/4 šálku nasekaných pekanových ořechů
- 2 zelené cibule, nakrájené na tenké plátky
- 4 šálky kuřecího vývaru
- 1/2 hrnku obyčejného řeckého jogurtu
- 2 lžíce javorového sirupu
- Sůl a pepř na dochucení

INSTRUKCE:

a) Ve velké misce smíchejte vařená krůtí prsa, sušené brusinky, pekanové ořechy a zelenou cibulku.
b) V samostatné misce prošlehejte kuřecí vývar, řecký jogurt a javorový sirup, dokud nebude hladká.
c) Krůtí směs zalijte vývarem a dobře promíchejte.
d) Dochuťte solí a pepřem podle chuti.
e) Před podáváním vychlaďte alespoň 2 hodiny v lednici.
f) Podáváme vychlazené, ozdobené posypem nasekaných pekanových ořechů.

70. Chlazená kuřecí a kukuřičná polévka

SLOŽENÍ:
- 2 šálky vařených kuřecích prsou, nakrájených na kostičky
- 2 šálky čerstvých nebo zmrazených kukuřičných zrn
- 1 červená paprika, nakrájená na kostičky
- 1/2 šálku nakrájené okurky
- 1/4 šálku nasekaného čerstvého koriandru
- 4 šálky kuřecího vývaru
- 2 lžíce limetkové šťávy
- Sůl a pepř na dochucení

INSTRUKCE:
a) Ve velké misce smíchejte vařená kuřecí prsa, kukuřičná zrna, červenou papriku, okurku a koriandr.
b) Směs zalijte kuřecím vývarem a limetkovou šťávou a dobře promíchejte.
c) Dochuťte solí a pepřem podle chuti.
d) Před podáváním vychlaďte alespoň 2 hodiny v lednici.
e) Podávejte vychlazené, ozdobené snítkou koriandru.

71. Chlazené krůtí a avokádová polévka

SLOŽENÍ:
- 2 šálky vařených krůtích prsou, nakrájených na kostičky
- 2 zralá avokáda, oloupaná a nakrájená na kostičky
- 1/2 šálku nakrájených rajčat
- 1/4 šálku nakrájené červené cibule
- 2 lžíce nasekaného čerstvého koriandru
- 4 šálky kuřecího vývaru
- 2 lžíce limetkové šťávy
- Sůl a pepř na dochucení

INSTRUKCE:
a) Ve velké misce smíchejte vařená krůtí prsa, avokádo, rajčata, červenou cibuli a koriandr.
b) Směs zalijte kuřecím vývarem a limetkovou šťávou a dobře promíchejte.
c) Dochuťte solí a pepřem podle chuti.
d) Před podáváním vychlaďte alespoň 2 hodiny v lednici.
e) Podávejte vychlazené, podle potřeby ozdobené koriandrem.

72. Chlazená citronová kuřecí polévka Orzo

SLOŽENÍ:
- 2 šálky vařených kuřecích prsou, nakrájených
- 1/2 šálku nevařených orzo těstovin
- 2 mrkve, oloupané a nakrájené na kostičky
- 2 řapíkatý celer, nakrájený na kostičky
- 4 šálky kuřecího vývaru
- 1/4 šálku citronové šťávy
- 2 lžíce nasekaného čerstvého kopru
- Sůl a pepř na dochucení

INSTRUKCE:
a) Ve velkém hrnci přiveďte k varu kuřecí vývar. Přidejte těstoviny orzo a vařte podle návodu na obalu do al dente.
b) Vmíchejte vařená kuřecí prsa, mrkev, celer, citronovou šťávu a nasekaný čerstvý kopr.
c) Dochuťte solí a pepřem podle chuti.
d) Odstraňte z ohně a nechte vychladnout na pokojovou teplotu.
e) Před podáváním přendejte do lednice a chlaďte alespoň 2 hodiny.
f) Podáváme studené, ozdobené snítkou kopru.

73. Chlazené krůtí a špenátová polévka

SLOŽENÍ:
- 2 šálky vařených krůtích prsou, nakrájených na kostičky
- 4 šálky kuřecího vývaru
- 2 šálky čerstvých listů špenátu
- 1/2 šálku nakrájené mrkve
- 1/2 šálku celeru nakrájeného na kostičky
- 1/4 šálku nakrájené cibule
- 2 stroužky česneku, mleté
- 1 lžíce olivového oleje
- Sůl a pepř na dochucení

INSTRUKCE:
a) Ve velkém hrnci rozehřejte na středním plameni olivový olej. Přidáme na kostičky nakrájenou cibuli a nasekaný česnek a restujeme do změknutí.
b) Přidejte na kostičky nakrájenou mrkev a celer a vařte další 2-3 minuty.
c) Zalijeme kuřecím vývarem a přivedeme k varu. Přidejte na kostičky nakrájená krůtí prsa a špenátové listy.
d) Vařte 5–10 minut, dokud zelenina nezměkne a chutě se dobře propojí.
e) Dochuťte solí a pepřem podle chuti.
f) Odstraňte z ohně a nechte vychladnout na pokojovou teplotu.
g) Před podáváním přendejte do lednice a chlaďte alespoň 2 hodiny.
h) Podávejte vychlazené.

74. Chlazená kuřecí a mangová polévka

SLOŽENÍ:
- 2 šálky vařených kuřecích prsou, nakrájených
- 2 zralá manga, oloupaná a nakrájená na kostičky
- 1/2 šálku nakrájené červené papriky
- 1/4 šálku nakrájené červené cibule
- 2 lžíce nasekaného čerstvého koriandru
- 4 šálky kuřecího vývaru
- 2 lžíce limetkové šťávy
- Sůl a pepř na dochucení

INSTRUKCE:
a) V mixéru smíchejte jedno mango nakrájené na kostičky s kuřecím vývarem a limetkovou šťávou. Rozmixujte do hladka.
b) Ve velké misce smíchejte vařená kuřecí prsa, nakrájené mango, nakrájenou červenou papriku, nakrájenou červenou cibuli a nakrájený koriandr.
c) Rozmixovanou mangovou směs nalijte na kuřecí a zeleninovou směs a dobře promíchejte.
d) Dochuťte solí a pepřem podle chuti.
e) Před podáváním vychlaďte alespoň 2 hodiny v lednici.
f) Podávejte vychlazené, podle potřeby ozdobené koriandrem.

75. Kuřecí a rýžová polévka s kokosovým mlékem

SLOŽENÍ:
- 2 šálky vařených kuřecích prsou, nakrájených na kostičky
- 1 šálek vařené rýže
- 1 plechovka (13,5 oz) kokosového mléka
- 4 šálky kuřecího vývaru
- 2 lžíce rybí omáčky
- 2 lžíce limetkové šťávy
- 2 stroužky česneku, mleté
- 1 lžíce strouhaného zázvoru
- 1 červená chilli papričká, nakrájená na tenké plátky (volitelně pro koření)
- Sůl a pepř na dochucení

INSTRUKCE:
a) Ve velkém hrnci smíchejte kuřecí vývar, kokosové mléko, rybí omáčku, limetkovou šťávu, mletý česnek, nastrouhaný zázvor a nakrájenou červenou chilli papričku (pokud používáte). Přiveďte k varu.
b) Do hrnce přidáme na kostičky nakrájená kuřecí prsa a uvařenou rýži. Vařte 5–10 minut, dokud se neprohřeje.
c) Dochuťte solí a pepřem podle chuti.
d) Odstraňte z ohně a nechte vychladnout na pokojovou teplotu.
e) Před podáváním přendejte do ledince a chlaďte alespoň 2 hodiny.
f) Podávejte vychlazené.

76.Studená kuřecí, celerová a ořechová polévka

SLOŽENÍ:
- 2 šálky vařených kuřecích prsou, nakrájených
- 2 stonky celeru, nakrájené nadrobno
- 1/2 šálku vlašských ořechů, nasekaných
- 4 šálky kuřecího vývaru
- 1 šálek bílého jogurtu
- 2 lžíce citronové šťávy
- Sůl a pepř na dochucení
- Čerstvá petrželka na ozdobu

INSTRUKCE:
a) Ve velké míse smíchejte nakrájené kuřecí maso, nakrájený celer a nasekané vlašské ořechy.
b) Vmíchejte kuřecí vývar, bílý jogurt a citronovou šťávu. Dobře promíchejte.
c) Dochuťte solí a pepřem podle chuti.
d) Polévku vychlaďte v lednici alespoň na 1 hodinu.
e) Podáváme studené, ozdobené čerstvou petrželkou.

77. Studená chřestová polévka s křepelčími vejci a kaviárem

SLOŽENÍ:
- 500 g chřestu, oloupaného a nakrájeného
- 4 šálky zeleninového vývaru
- 1 hrnek řeckého jogurtu
- Sůl a pepř na dochucení
- 8 křepelčích vajec, natvrdo uvařených a oloupaných
- Kaviár na ozdobu
- Nakrájená pažitka na ozdobu

INSTRUKCE:
a) Ve velkém hrnci přivedeme k varu zeleninový vývar. Přidejte nakrájený chřest a vařte do měkka, asi 5-7 minut.
b) Odstraňte z ohně a nechte mírně vychladnout.
c) Uvařený chřest a vývar rozmixujte v mixéru na kaši.
d) Vmíchejte řecký jogurt a dochuťte solí a pepřem podle chuti.
e) Polévku vychlaďte v lednici alespoň na 1 hodinu.
f) K podávání nalijte studenou polévku do misek. Křepelčí vejce nakrájejte na poloviny a položte je na polévku. Ozdobte kaviárem a nasekanou pažitkou.

STUDENÉ BYLINKOVÉ POLÉVKY

78.Polévka z melounu s mátou

SLOŽENÍ:
- 1 velký meloun
- ¼ šálku medu
- ½ šálku pomerančové šťávy
- 1½ lžíce jemně nasekané čerstvé máty

INSTRUKCE:
a) Smíchejte meloun, med a pomerančový džus.
b) Před podáváním vychlaďte a vmíchejte mátu.

79. Chlazená mátová cuketová polévka

SLOŽENÍ:
- 3 (14 ½ unce) plechovky kuřecího vývaru se sníženým obsahem sodíku
- 2 lžíce čerstvé citronové šťávy
- 3 cukety
- 1 cibule
- 1 stroužek česneku
- 3 lžíce nasekané máty
- 4 lžíce zakysané smetany bez tuku

INSTRUKCE:
a) Svaříme vývar se zeleninou.
b) Pyré s citronovou šťávou a mátou.
c) Vychladíme a podáváme s kopečkem zakysané smetany.

80. Hrášková polévka za studena

SLOŽENÍ:
- 2 šálky mraženého hrášku, rozmraženého
- 1 malá cibule, nakrájená
- 2 hrnky zeleninového vývaru
- 1/2 hrnku obyčejného řeckého jogurtu
- 1 lžíce nasekaných lístků čerstvé máty
- Sůl a pepř na dochucení
- Citronová kůra na ozdobu (volitelně)

INSTRUKCE:
a) V hrnci orestujte nakrájenou cibuli dozlatova.
b) Přidejte rozmražený hrášek a zeleninový vývar. Přiveďte k varu a vařte 5 minut.
c) Odstraňte z ohně a nechte mírně vychladnout.
d) Směs přendejte do mixéru a rozmixujte do hladka.
e) Vmíchejte řecký jogurt a nasekané lístky máty. Dochuťte solí a pepřem podle chuti.
f) Polévku vychlaďte v lednici alespoň na 1 hodinu.
g) Podávejte vychlazené, podle potřeby ozdobené citronovou kůrou.

81.Studená polévka šťovíku

SLOŽENÍ:
- 4 šálky čerstvých listů šťovíku, stonky odstraněny
- 1 malá cibule, nakrájená
- 2 hrnky zeleninového vývaru
- 1 hrnek obyčejného řeckého jogurtu
- 1 lžíce citronové šťávy
- Sůl a pepř na dochucení
- Čerstvá pažitka na ozdobu

INSTRUKCE:
a) V hrnci orestujte nakrájenou cibuli dozlatova.
b) Přidejte listy šťovíku a zeleninový vývar. Přiveďte k varu a vařte 5 minut.
c) Odstraňte z ohně a nechte mírně vychladnout.
d) Směs přendejte do mixéru a rozmixujte do hladka.
e) Vmíchejte řecký jogurt a citronovou šťávu. Dochuťte solí a pepřem podle chuti.
f) Polévku vychlaďte v lednici alespoň na 1 hodinu.
g) Podáváme studené, ozdobené čerstvou pažitkou.

82. Chlazené avokádo a koriandrová polévka

SLOŽENÍ:
- 2 zralá avokáda, oloupaná a nakrájená na kostičky
- 1 hrnek zeleninového vývaru
- 1/4 šálku čerstvých listů koriandru
- 1/4 šálku nakrájené zelené cibule
- 2 lžíce limetkové šťávy
- 1 stroužek česneku, nasekaný
- Sůl a pepř na dochucení

INSTRUKCE:
a) V mixéru smíchejte avokádo, zeleninový vývar, lístky koriandru, zelenou cibulku, limetkovou šťávu a mletý česnek.
b) Rozmixujte do hladka.
c) Dochuťte solí a pepřem podle chuti.
d) Před podáváním vychlaďte alespoň 1 hodinu v lednici.
e) Podávejte vychlazené, ozdobené snítkou koriandru.

83. Chlazený hrášek a estragonová polévka

SLOŽENÍ:
- 2 šálky mraženého hrášku, rozmraženého
- 1 malá cibule, nakrájená
- 2 hrnky zeleninového vývaru
- 1/4 šálku čerstvých listů estragonu
- 1/4 šálku obyčejného řeckého jogurtu
- 2 lžíce citronové šťávy
- Sůl a pepř na dochucení

INSTRUKCE:
a) V hrnci orestujte nakrájenou cibuli dozlatova.
b) Do hrnce přidejte rozmražený hrášek a zeleninový vývar. Přiveďte k varu, poté snižte teplotu a vařte 5 minut.
c) Odstraňte z ohně a nechte mírně vychladnout.
d) Hráškovou směs přendejte do mixéru. Přidejte čerstvé listy estragonu, řecký jogurt a citronovou šťávu.
e) Rozmixujte do hladka.
f) Dochuťte solí a pepřem podle chuti.
g) Před podáváním vychlaďte alespoň 1 hodinu v lednici.
h) Podáváme studené, ozdobené snítkou estragonu.

84. Chlazený špenát a koprová polévka

SLOŽENÍ:
- 4 šálky čerstvých listů špenátu
- 1 hrnek obyčejného řeckého jogurtu
- 1/4 šálku nasekaného čerstvého kopru
- 2 zelené cibule, nakrájené
- 2 lžíce citronové šťávy
- 2 hrnky zeleninového vývaru
- Sůl a pepř na dochucení

INSTRUKCE:
a) V mixéru smíchejte listy špenátu, řecký jogurt, kopr, zelenou cibulku, citronovou šťávu a zeleninový vývar.
b) Rozmixujte do hladka.
c) Dochuťte solí a pepřem podle chuti.
d) Před podáváním vychlaďte alespoň 1 hodinu v lednici.
e) Podáváme studené, ozdobené snítkou kopru.

85. Polévka z chlazené cukety a petrželky

SLOŽENÍ:
- 3 střední cukety, nakrájené na kostičky
- 1 cibule, nakrájená
- 2 stroužky česneku, mleté
- 4 šálky zeleninového vývaru
- 1/4 šálku nasekané čerstvé petrželky
- 2 lžíce citronové šťávy
- 2 lžíce olivového oleje
- Sůl a pepř na dochucení

INSTRUKCE:
a) V hrnci rozehřejte na středním plameni olivový olej. Přidejte nakrájenou cibuli a prolisovaný česnek a restujte do změknutí.
b) Do hrnce přidejte na kostičky nakrájenou cuketu a restujte dalších 5 minut.
c) Zalijeme zeleninovým vývarem a přivedeme k varu. Snižte teplotu a vařte 10–15 minut, dokud cuketa nezměkne.
d) Odstraňte z ohně a nechte mírně vychladnout.
e) Přeneste polévku do mixéru. Přidejte nasekanou petrželku a citronovou šťávu.
f) Rozmixujte do hladka.
g) Dochuťte solí a pepřem podle chuti.
h) Před podáváním vychlaďte alespoň 1 hodinu v lednici.
i) Podávejte vychlazené.

86. Chlazený chřest a pažitková polévka

SLOŽENÍ:

- 1 lb chřestu, oříznutého a nakrájeného
- 1 cibule, nakrájená
- 2 stroužky česneku, mleté
- 4 šálky zeleninového vývaru
- 1/4 šálku nasekané čerstvé pažitky
- 2 lžíce citronové šťávy
- 2 lžíce olivového oleje
- Sůl a pepř na dochucení

INSTRUKCE:

a) V hrnci rozehřejte na středním plameni olivový olej. Přidejte nakrájenou cibuli a prolisovaný česnek a restujte do změknutí.
b) Do hrnce přidejte nakrájený chřest a restujte dalších 5 minut.
c) Zalijeme zeleninovým vývarem a přivedeme k varu. Snižte teplotu a vařte 10–15 minut, dokud chřest nezměkne.
d) Odstraňte z ohně a nechte mírně vychladnout.
e) Polévku přendejte do mixéru. Přidejte nakrájenou pažitku a citronovou šťávu.
f) Rozmixujte do hladka.
g) Dochuťte solí a pepřem podle chuti.
h) Před podáváním vychlaďte alespoň 1 hodinu v lednici.
i) Podávejte vychlazené.

87. Polévka z chlazené řepy a máty

SLOŽENÍ:
- 3 střední řepy, vařené a oloupané
- 1 hrnek obyčejného řeckého jogurtu
- 1/4 šálku nasekaných čerstvých lístků máty
- 2 lžíce citronové šťávy
- 2 hrnky zeleninového vývaru
- Sůl a pepř na dochucení

INSTRUKCE:
a) V mixéru smíchejte uvařenou řepu, řecký jogurt, lístky máty, citronovou šťávu a zeleninový vývar.
b) Rozmixujte do hladka.
c) Dochuťte solí a pepřem podle chuti.
d) Před podáváním vychlaďte alespoň 1 hodinu v lednici.
e) Podáváme studené, ozdobené snítkou máty.

88. Čínská bylinková kuřecí polévka

SLOŽENÍ:
- 1 celé hedvábné kuře, vykuchané
- 1/4 šálku vína Shaoxing
- 1 polévková lžíce košer soli, plus více podle potřeby
- 1 1/2 unce sušených červených jujubes (da zao)
- 1 unce (25 g) sušených hub shiitake, nejlépe nakrájených na plátky
- 1 unce (25 g; asi 1/4 šálku) sušených plodů goji
- 3/4 unce sušeného čínského jamu (huai shan; volitelné)
- 1/3 unce sušeného nakrájeného kořene anděliky (dong quai)
- 1/3 unce sušené cibule lilie (bai he; viz poznámky)
- 4 jarní cibulky, oříznuté a nakrájené
- 1 1/2 unce oloupaného čerstvého zázvoru, nakrájeného na tenké plátky
- 1/3 unce (10 g) sušené mušle, nahrubo nasekané
- 1/4 lžičky mletého bílého pepře
- Bílá sójová omáčka, podle chuti (volitelné, viz poznámky)

NA OBDOBÍ:
- 3/4 unce sušené červené jujuby (da zao), zbavené pecek a nakrájené na plátky
- 1/2 unce sušených plodů goji
- Plátky jarní cibulky, dle libosti

INSTRUKCE:
a) Ve velkém hrnci nebo holandské troubě zalijte hedvábné kuře studenou vodou, nastavte na vysokou teplotu a přiveďte k varu. Odstraňte z tepla. Sceďte a poté přendejte kuře do velké mísy se studenou vodou, dokud nevychladne. Dobře sceďte.

b) Kuřecí maso potřeme vínem Shaoxing a 1 lžící soli.

c) Mezitím ve středně žáruvzdorné misce smíchejte jujuby, shiitake, goji bobule, čínský jam (pokud používáte), kořen anděliky a cibuli lilie. Vše zalijte 1 2/3 šálku (400 ml) vroucí vody a nechte stát, dokud nebude rehydratován, asi 15 minut. Pokud používáte celé shiitake, nakrájejte po rehydrataci na plátky.

d) Vyčistěte kotlík nebo holandskou troubu a vraťte do ní hedvábné kuře spolu s jakýmkoli vínem Shaoxing. Přidejte rehydratované

aromatické látky a jejich namáčecí tekutinu spolu s jarní cibulkou, zázvorem, sušenými mušlemi a bílým pepřem.
e) Zalijte 4 litry (4 l) studené vody a nechte na středním plameni mírně vařit; seberte veškerou pěnu, která vystoupí na povrch. Snižte teplotu, abyste udrželi mírné vaření, a vařte, dokud není kuře propečené a maso se dá snadno vytáhnout z kostí, asi 45 minut.
f) Opatrně vyjměte kuře z hrnce a přendejte na pracovní plochu, dokud nebude dostatečně vychladlé, aby se s ním dalo manipulovat, asi 5 minut. Rukama nakrájejte maso a kůži z kuřete a dejte do malé misky; chlaďte, dokud nebudete připraveni k použití.
g) Korpus vrátíme do vývaru, přikryjeme a vaříme velmi mírným varem pro čistší vývar, asi 3 hodiny, nebo mírným varem pro krémovější vývar, asi 2 hodiny. Sceďte vývar, vyhoďte kuřecí kostru a aromatické látky.
h) Vraťte vývar do vyčištěného hrnce a dochuťte solí a/nebo bílou sójovou omáčkou.

NA OBDOBÍ:
i) V malé žáruvzdorné misce smíchejte jujuby a plody goji a přidejte tolik vroucí vody, abyste ji zakryli. Nechte stát, dokud nebude rehydratovaný, asi 2 minuty.

j) Až budete připraveni k podávání, přidejte nakrájené kuřecí maso do vývaru a prohřívejte, dokud se nezavaří. Do servírovacích misek rozdělte jujubu, goji berry a jarní cibulku a navrch naberte naběračku a kuřecí maso. Sloužit.

STUDENÉ LUŠINOVÉ A OBILNÉ POLÉVKY

89. Studená bílá fazolová polévka s křupavou pancettou

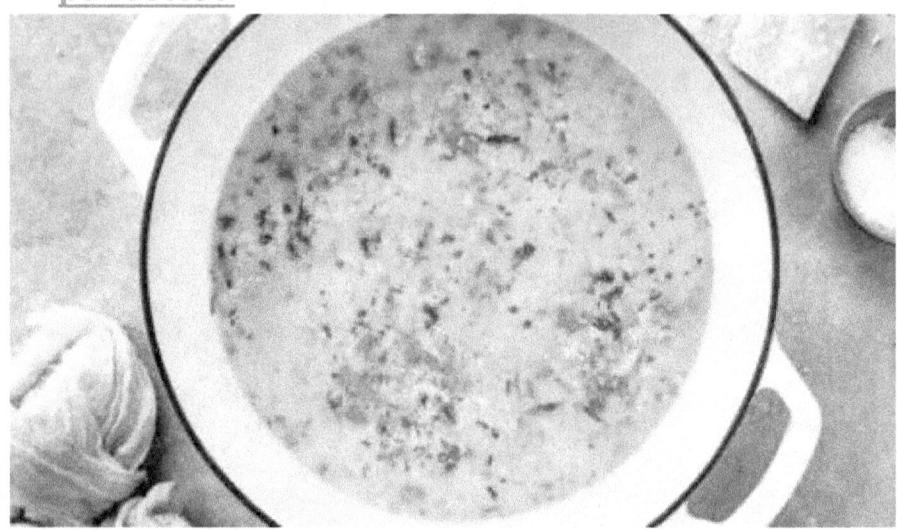

SLOŽENÍ:
- 2 plechovky (každá 15 uncí) bílých fazolí, scezené a propláchnuté
- 2 stroužky česneku, mleté
- 1/4 šálku nasekané čerstvé petrželky
- 2 lžíce citronové šťávy
- 2 lžíce olivového oleje
- 1/2 lžičky mletého kmínu
- Sůl a pepř na dochucení
- Křupavá pancetta nebo slanina na ozdobu
- Nakrájená čerstvá petrželka na ozdobu

INSTRUKCE:
a) V mixéru smíchejte bílé fazole, mletý česnek, nasekanou petržel, citronovou šťávu, olivový olej a mletý kmín.
b) Rozmixujte do hladka.
c) Dochuťte solí a pepřem podle chuti.
d) Polévku vychlaďte v lednici alespoň na 1 hodinu.
e) Podáváme studené, ozdobené křupavou pancettou nebo slaninou a nasekanou čerstvou petrželkou.

90. Chlazená fazolová polévka

SLOŽENÍ:
- 4 šálky nakrájených rajčat
- 2 šálky pikantní horké šťávy V8
- 1 plechovka (15 uncí) černých fazolí, opláchnutá a scezená
- 1 šálek nakrájené okurky
- 1 šálek nasekané sladké červené nebo žluté papriky
- 1/2 šálku nakrájené červené cibule
- 2 lžíce balzamikového octa
- 1 lžička cukru
- 1/4 až 1/2 lžičky feferonkové omáčky
- 1/4 lžičky mletého kmínu 1/4 lžičky soli
- 1/4 lžičky pepře
- 7 lžic zakysané smetany se sníženým obsahem tuku Nakrájená okurka, volitelné

INSTRUKCE:
a) V mixéru smíchejte rajčata a šťávu V8; zakryjte a zpracujte, dokud se nesmíchá. Přeneste do velké mísy.
b) Vmícháme fazole, nakrájenou okurku, sladkou papriku, cibuli, ocet, cukr a koření.
c) Zakryjte a dejte do lednice alespoň na 4 hodiny nebo přes noc. Podávejte se zakysanou smetanou. V případě potřeby ozdobte nakrájenou okurkou.

91. Chlazená čočková a quinoa polévka

SLOŽENÍ:
- 1 hrnek vařené čočky
- 1/2 šálku vařené quinoa
- 1 okurka, oloupaná a nakrájená na kostičky
- 1 červená paprika, nakrájená na kostičky
- 1/4 šálku nakrájené červené cibule
- 2 lžíce nasekané čerstvé petrželky
- 2 lžíce citronové šťávy
- 2 hrnky zeleninového vývaru
- Sůl a pepř na dochucení

INSTRUKCE:
a) Ve velké míse smíchejte uvařenou čočku, uvařenou quinou, na kostičky nakrájenou okurku, nakrájenou červenou papriku, nakrájenou červenou cibuli a nasekanou petrželku.
b) Směs zalijte zeleninovým vývarem a citronovou šťávou a dobře promíchejte.
c) Dochuťte solí a pepřem podle chuti.
d) Před podáváním vychlaďte alespoň 1 hodinu v lednici.
e) Podávejte vychlazené, podle potřeby ozdobené další petrželkou.

92.Chlazená cizrna a bulharská polévka

SLOŽENÍ:
- 1 plechovka (15 uncí) cizrny, okapaná a propláchnutá
- 1/2 šálku vařené pšenice bulguru
- 1 rajče, nakrájené na kostičky
- 1/4 šálku nakrájené červené cibule
- 2 lžíce nasekané čerstvé máty
- 2 lžíce citronové šťávy
- 2 hrnky zeleninového vývaru
- Sůl a pepř na dochucení

INSTRUKCE:
a) Ve velké míse smíchejte cizrnu, uvařený bulgur, nakrájené rajče, nakrájenou červenou cibuli, nasekanou mátu, citronovou šťávu a zeleninový vývar.
b) Dobře promíchejte, aby se spojily.
c) Dochuťte solí a pepřem podle chuti.
d) Před podáváním vychlaďte alespoň 1 hodinu v lednici.
e) Podáváme studené, ozdobené snítkou máty.

93. Chlazená polévka z černých fazolí a hnědé rýže

SLOŽENÍ:
- 1 plechovka (15 uncí) černých fazolí, scezená a propláchnutá
- 1/2 šálku vařené hnědé rýže
- 1 červená paprika, nakrájená na kostičky
- 1/2 šálku kukuřičných zrn (čerstvých, mražených nebo konzervovaných)
- 1/4 šálku nakrájené červené cibule
- 2 lžíce nasekaného čerstvého koriandru
- 2 lžíce limetkové šťávy
- 2 hrnky zeleninového vývaru
- Sůl a pepř na dochucení

INSTRUKCE:
a) Ve velké misce smíchejte černé fazole, vařenou hnědou rýži, nakrájenou červenou papriku, kukuřičná zrna, nakrájenou červenou cibuli, nasekaný koriandr, limetkovou šťávu a zeleninový vývar.
b) Dobře promíchejte, aby se spojily.
c) Dochuťte solí a pepřem podle chuti.
d) Před podáváním vychlaďte alespoň 1 hodinu v lednici.
e) Podávejte vychlazené, podle potřeby ozdobené koriandrem.

94. Chlazená polévka z ječmene a cizrny

SLOŽENÍ:
- 1/2 šálku vařeného ječmene
- 1 plechovka (15 uncí) cizrny, okapaná a propláchnutá
- 1 okurka, oloupaná a nakrájená na kostičky
- 1/2 šálku cherry rajčat, napůl
- 1/4 šálku nakrájené červené cibule
- 2 lžíce nasekaného čerstvého kopru
- 2 lžíce citronové šťávy
- 2 hrnky zeleninového vývaru
- Sůl a pepř na dochucení

INSTRUKCE:
a) Ve velké míse smíchejte uvařený ječmen, cizrnu, na kostičky nakrájenou okurku, cherry rajčata, nakrájenou červenou cibuli, nasekaný kopr, citronovou šťávu a zeleninový vývar.
b) Dobře promíchejte, aby se spojily.
c) Dochuťte solí a pepřem podle chuti.
d) Před podáváním vychlaďte alespoň 1 hodinu v lednici.
e) Podáváme studené, ozdobené snítkou kopru.

95. Chlazená polévka z červené čočky a bulguru

SLOŽENÍ:
- 1 hrnek červené čočky, opláchnuté
- 1/2 šálku pšeničného bulguru
- 1 mrkev, nakrájená na kostičky
- 1 řapíkatý celer, nakrájený na kostičky
- 1/2 šálku nakrájených rajčat
- 2 stroužky česneku, mleté
- 1 lžička mletého kmínu
- 1/2 lžičky papriky
- 4 šálky zeleninového vývaru
- 2 lžíce citronové šťávy
- Sůl a pepř na dochucení

INSTRUKCE:
a) Ve velkém hrnci smíchejte červenou čočku, pšenici bulgur, nakrájenou mrkev, nakrájený celer, nakrájená rajčata, mletý česnek, mletý kmín, papriku a zeleninový vývar.
b) Směs přiveďte k varu, poté snižte plamen a vařte 20–25 minut, nebo dokud čočka a bulgur nejsou uvařené a měkké.
c) Odstraňte z ohně a nechte mírně vychladnout.
d) Vmícháme citronovou šťávu a dochutíme solí a pepřem podle chuti.
e) Před podáváním vychlaďte alespoň 1 hodinu v lednici.

STUDENÉ TĚSTOVINOVÉ POLÉVKY

96.Studené Nudle S Rajčaty

SLOŽENÍ:
- 2 půllitry zralých cherry rajčat, rozpůlených
- 2 lžičky košer soli (Diamantový krystal)
- 12 až 14 uncí somyeon, somen, capellini nebo jiné tenké pšeničné nudle
- ¼ šálku rýžového octa
- 2 lžíce sójové omáčky
- 2 lžíce krystalového cukru
- 1 velký stroužek česneku, jemně nastrouhaný
- ½ lžičky dijonské hořčice
- ½ lžičky praženého sezamového oleje
- 2 šálky studené filtrované vody
- 1 lžíce pražených sezamových semínek
- 2 ředkvičky, nakrájené na tenké plátky
- 2 jarní cibulky nakrájené na tenké plátky pod úhlem
- 2 šálky drceného nebo kostkového ledu

INSTRUKCE:
a) Ve velké míse smíchejte rajčata a sůl. Necháme uležet, dokud nebude šťavnaté, asi 10 minut.
b) Mezitím přiveďte k varu velký hrnec s vodou. Nudle uvaříme podle návodu na obalu, scedíme a propláchneme pod studenou vodou. Dát stranou.
c) K rajčatům přidejte ocet, sójovou omáčku, cukr, česnek, hořčici a sezamový olej a promíchejte lžící, dokud se dobře nespojí. Do rajčat vmícháme přefiltrovanou vodu a povrch vývaru posypeme sezamovými semínky, ředkvičkami a jarní cibulkou.
d) Těsně před podáváním přidejte do vývaru led. Nudle rozdělte do misek a nalijte do nich vývar a veškerý nerozpuštěný led, aby každá porce byla pěkně posypaná rajčaty, ředkvičkami, jarní cibulkou a sezamovými semínky.

97. Chlazená středomořská polévka Orzo

SLOŽENÍ:
- 1 šálek těstovin orzo, uvařených a chlazených
- 1 šálek na kostičky nakrájené okurky
- 1 šálek cherry rajčat, napůl
- 1/4 šálku nakrájených oliv Kalamata
- 1/4 šálku rozdrobeného sýra feta
- 2 lžíce nasekané čerstvé petrželky
- 2 lžíce citronové šťávy
- 2 lžíce olivového oleje
- 2 hrnky zeleninového vývaru
- Sůl a pepř na dochucení

INSTRUKCE:
a) Ve velké míse smíchejte uvařené a vychladlé těstoviny orzo, na kostičky nakrájenou okurku, rozpůlená cherry rajčata, nakrájené olivy Kalamata, rozdrobený sýr feta, nasekanou petrželku, citronovou šťávu, olivový olej a zeleninový vývar.
b) Dobře promíchejte, aby se spojily.
c) Dochuťte solí a pepřem podle chuti.
d) Před podáváním vychlaďte alespoň 1 hodinu v lednici.
e) Podávejte vychlazené, podle potřeby ozdobené další petrželkou a sýrem feta.

98. Těstovinová polévka z chlazených rajčat a bazalky

SLOŽENÍ:

- 8 oz těstoviny (jako jsou fusilli nebo penne), uvařené a chlazené
- 2 velká rajčata, nakrájená na kostičky
- 1/2 šálku nakrájené okurky
- 1/4 šálku nasekané čerstvé bazalky
- 2 lžíce balzamikového octa
- 2 lžíce olivového oleje
- 2 hrnky zeleninového vývaru
- Sůl a pepř na dochucení

INSTRUKCE:

a) Ve velké míse smíchejte uvařené a vychladlé těstoviny, nakrájená rajčata, nakrájenou okurku, nakrájenou bazalku, balzamikový ocet, olivový olej a zeleninový vývar.
b) Dobře promíchejte, aby se spojily.
c) Dochuťte solí a pepřem podle chuti.
d) Před podáváním vychlaďte alespoň 1 hodinu v lednici.
e) Podávejte vychlazené, podle potřeby ozdobené bazalkou.

99. Chlazená těstovinová polévka Pesto

SLOŽENÍ:
- 8 oz těstoviny (jako rotini nebo farfalle), uvařené a chlazené
- 1/2 šálku připraveného bazalkového pesta
- 1 šálek cherry rajčat, napůl
- 1/4 šálku nakrájených černých oliv
- 2 lžíce piniových oříšků
- 2 lžíce strouhaného parmazánu
- 2 hrnky zeleninového vývaru
- Sůl a pepř na dochucení

INSTRUKCE:
a) Ve velké míse smíchejte uvařené a vychladlé těstoviny, bazalkové pesto, cherry rajčata, černé olivy, piniové oříšky, strouhaný parmazán a zeleninový vývar.
b) Dobře promíchejte, aby se spojily.
c) Dochuťte solí a pepřem podle chuti.
d) Před podáváním vychlaďte alespoň 1 hodinu v lednici.
e) Podávejte vychlazené, podle potřeby ozdobené dalšími piniovými oříšky a parmazánem.

100. Chlazená řecká těstovinová salátová polévka

SLOŽENÍ:
- 8 oz těstoviny (jako jsou rotini nebo penne), uvařené a chlazené
- 1/2 šálku nakrájené okurky
- 1/2 šálku nakrájených rajčat
- 1/4 šálku nakrájených oliv Kalamata
- 1/4 šálku rozdrobeného sýra feta
- 2 stoly
- 2 lžíce nasekané čerstvé petrželky
- 2 lžíce citronové šťávy
- 2 lžíce olivového oleje
- 2 hrnky zeleninového vývaru
- Sůl a pepř na dochucení

INSTRUKCE:
a) Ve velké míse smíchejte uvařené a vychladlé těstoviny, na kostičky nakrájenou okurku, nakrájená rajčata, nakrájené olivy Kalamata, rozdrobený sýr feta, nasekanou petrželku, citronovou šťávu, olivový olej a zeleninový vývar.
b) Dobře promíchejte, aby se spojily.
c) Dochuťte solí a pepřem podle chuti.
d) Před podáváním vychlaďte alespoň 1 hodinu v lednici.
e) Podávejte vychlazené, podle potřeby ozdobené další petrželkou a sýrem feta.

ZÁVĚR

Když zakončíme naši cestu světem studených polévek, doufám, že se cítíte inspirováni k přijetí těchto osvěžujících a chutných jídel jako základu vašeho kulinářského repertoáru. "KOMPLETNÍ KUCHAŘKA STUDENÉ POLÉVKY" byla vytvořena s vášní pro oslavu živých chutí a sezónních surovin, díky kterým jsou chlazené polévky tak neodolatelné.

Až budete pokračovat ve zkoumání světa studených polévek, nezapomeňte, že možnosti jsou nekonečné. Ať už experimentujete s novými kombinacemi chutí, přidáváte svůj vlastní šmrnc do klasických receptů nebo si jednoduše vychutnáváte misku své oblíbené vychlazené polévky v horkém letním dni, ať vám každá lžička přinese radost, osvěžení a uspokojení.

Děkuji, že jste se ke mně připojili na této kulinářské cestě. Ať jsou vaše letní dny plné lahodných studených polévek, dobré společnosti a nezapomenutelných chvil sdílených u stolu. Dokud se znovu nepotkáme, přeji příjemné vaření a dobrou chuť!

www.ingramcontent.com/pod-product-compliance
Lightning Source LLC
Chambersburg PA
CBHW071903110526
44591CB00011B/1526